書名：星命風水秘傳百日通
系列：心一堂術數珍本古籍叢刊　星命類　堪輿類
作者：上海星相研究社編

主編、責任編輯：陳劍聰
心一堂術數珍本古籍叢刊編校小組：陳劍聰　素聞　梁松盛　鄒偉才　虛白盧主

出版：心一堂有限公司
地址／門市：香港九龍尖沙咀東麼地道六十三號好時中心LG　六十一室
電話號碼：+852-6715-0840
網址：www.sunyata.cc
電郵：sunyatabook@gmail.com
網上書店：http://book.sunyata.cc
網上論壇：http://bbs.sunyata.cc/

版次：二零一三年八月初版
平裝

港幣　六十八元正
定價：人民幣　六十八元正
新台幣　一百九十八元正

國際書號：ISBN 978-988-8058-27-3

香港及海外發行：香港聯合書刊物流有限公司
地址：香港新界大埔汀麗路三十六號中華商務印刷大廈三樓
電話號碼：+852-2150-2100
傳真號碼：+852-2407-3062
電郵：info@suplogistics.com.hk

台灣發行：秀威資訊科技股份有限公司
地址：台灣台北市內湖區瑞光路七十六巷六十五號一樓
電話號碼：+886-2-2796-3638
傳真號碼：+886-2-2796-1377
網路書店：www.govbooks.com.tw
www.bodbooks.com.tw
經銷：易可數位行銷股份有限公司
地址：台灣新北市新店區寶橋路二三五巷六弄三號五樓
電話號碼：+886-2-8911-0825
傳真號碼：+886-2-8911-0801
email：book-info@ecorebooks.com
易可部落格：http://ecorebooks.pixnet.net/blog

中國大陸發行・零售：心一堂書店
深圳地址：中國深圳羅湖立新路六號東門博雅負一層零零八號
電話號碼：+86-755-8222-4934
北京地址：中國北京東城區雍和宮大街四十號
心一店淘寶網：http://sunyatacc.taobao.com

心一堂術數古籍珍本叢刊　總序

術數定義

術數，大概可謂以「推算、推演人（個人、群體、國家等）、事、物、自然現象、時間、空間方位等規律及氣數，並或通過種種『方術』，從而達致趨吉避凶或某種特定目的」之知識體系和方法。

術數類別

我國術數的內容類別，歷代不盡相同，例如《漢書・藝文志》中載，漢代術數有六類：天文、曆譜、無行、蓍龜、雜占、形法。至清代《四庫全書》，術數類則有：數學、占候、相宅相墓、占卜、命書、相書、陰陽五行、雜技術等，其他如《後漢書・方術部》、《藝文類聚・方術部》、《太平御覽・方術部》等，對於術數的分類，皆有差異。古代多把天文、曆譜、及部份數學均歸入術數類，而民間流行亦視傳統醫學作為術數的一環；此外，有些術數與宗教中的方術亦往往難以分開。現代學界則常將各種術數歸納為五大類別：命、卜、相、醫、山，通稱「五術」。

本叢刊在《四庫全書》的分類基礎上，將術數分為九大類別：占筮、星命、相術、堪輿、選擇、三式、讖緯、理數（陰陽五行）、雜術。而未收天文、曆譜、算術、宗教方術、醫學。

術數思想與發展——從術到學，乃至合道

我國術數是由上古的占星、卜蓍、形法等術發展下來的。其中卜蓍之術，是歷經夏商周三代而通過「龜卜、蓍筮」得出卜（卦）辭的一種預測（吉凶成敗）術，之後歸納並結集成書，此即現傳之《易經》。經過春秋戰國至秦漢之際，受到當時諸子百家的影響、儒家的推崇，遂有《易傳》等的出現，原本是卜蓍術書的《易經》，被提升及解讀成有包涵「天地之道（理）」之學。因此，《易・繫辭傳》曰：「易與天地準，故能彌綸天地之道。」

漢代以後，易學中的陰陽學說，與五行、九宮、干支、氣運、災變、律曆、卦氣、讖緯、天人感應說等相結

合，形成易學中象數系統。而其他原與《易經》本來沒有關係的術數，如占星、形法、選擇，亦漸漸以易理（象數學說）為依歸。《四庫全書・易類小序》云：「術數之興，多在秦漢以後。要其旨，不出乎陰陽五行，生尅制化。實皆《易》之支派，傅以雜說耳。」至此，術數可謂已由「術」發展成「學」。

及至宋代，術數理論與理學中的河圖洛書、太極圖、邵雍先天之學及皇極經世等學說給合，通過術數以演繹理學中「天地中有一太極，萬物中各有一太極」（《朱子語類》）的思想。術數理論不單已發展至十分成熟，而且也從其學理中衍生一些新的方法或理論，如《梅花易數》、《河洛理數》等。

在傳統上，術數功能往往不止於僅僅作為趨吉避凶的方術，及「能彌綸天地之道」的學問，亦有其「修心養性」的功能，「與道合一」（修道）的內涵。《素問・上古天真論》：「上古之人，其知道者，法於陰陽，和於術數。」數之意義，不單是外在的算數、歷數、氣數，而是與理學中同等的「道」、「理」──心性的功能，北宋理氣家邵雍對此多有發揮：「聖人之心，是亦數也」、「萬化萬事生乎心」、「心為太極」。《觀物外篇》：「先天之學，心法也。……蓋天地萬物之理，盡在其中矣，心一而不分，則能應萬物。」反過來說，宋代的術數理論，受到當時理學、佛道及宋易影響，認為心性本質上是等同天地之太極。天地萬物氣數規律，能通過內觀自心而有所感知，即是內心也已具備有術數的推演及預測、感知能力；相傳是邵雍所創之《梅花易數》，便是在這樣的背景下誕生。

《易・文言傳》已有「積善之家，必有餘慶；積不善之家，必有餘殃」之說，至漢代流行的災變說及讖緯說，我國數千年來都認為天災，異常天象（自然現象），皆與一國或一地的施政者失德有關；下至家族、個人之盛衰，也都與一族一人之德行修養有關。因此，我國術數中除了吉凶盛衰理數之外，人心的德行修養，也是趨吉避凶的一個關鍵因素。

術數與宗教、修道

在這種思想之下，我國術數不單只是附屬於巫術或宗教行為的方術，又往往已是一種宗教的修煉手段──通過術數，以知陰陽，乃至合陰陽（道）。「其知道者，法於陰陽，和於術數。」例如，「奇門遁甲」術中，即分為「術奇門」與「法奇門」兩大類。「法奇門」中有大量道教中符籙、手印、存想、內煉的內容，是道教內丹外法的一種重要外法修煉體系。甚至在雷法一系的修煉上，亦大量應用了術數內容。此外，相術、堪輿術中也有修煉望氣色的方法；堪輿家除了選擇陰陽宅之吉凶外，也有道教中選擇適合修道環境（法、財、侶、地中的地）的方法，以至通過堪輿術觀察天地山川陰陽之氣，亦成為領悟陰陽金丹大道的一途。

易學體系以外的術數與的少數民族的術數

我國術數中，也有不用或不全用易理作為其理論依據的，如楊雄的《太玄》、司馬光的《潛虛》。也有一些占卜法、雜術不屬於《易經》系統，不過對後世影響較少而已。

外來宗教及少數民族中也有不少雖受漢文化影響（如陰陽、五行、二十八宿等學說）但仍自成系統的術數，如古代的西夏、突厥、吐魯番等占卜及星占術，藏族中有多種藏傳佛教占卜術、苯教占卜術、擇吉術、推命術、相術等；北方少數民族有薩滿教占卜術；不少少數民族如水族、白族、布朗族、佤族、彝族、苗族等，皆有占雞（卦）草卜、雞蛋卜等術，納西族的占星術、占卜術，彝族畢摩的推命術、占卜術…等等，都是屬於《易經》體系以外的術數。相對上，外國傳入的術數以及其理論，對我國術數影響更大。

曆法、推步術與外來術數的影響

我國的術數與曆法的關係非常緊密。早期的術數中，很多是利用星宿或星宿組合的位置（如某星在某州或某宮某度）付予某種吉凶意義，并據之以推演，例如歲星（木星）、月將（某月太陽所躔之宮次）等。不過，由於不同的古代曆法推步的誤差及歲差的問題，若干年後，其術數所用之星辰的位置，已與真實星辰的位置不一樣了；此如歲星（木星），早期的曆法及術數以十二年為一周期（以應地支），與木星真實周期十一點八六年，每幾十年便錯一宮。後來術家又設一「太歲」的假想星體來解決，是歲星運行的相反，週期亦剛好是十二年。而術數中的神煞，很多即是根據太歲的位置而定。又如六壬術中的「月將」，原是立春節氣後太陽躔娵訾之次而稱作「登明亥將」，至宋代，因歲差的關係，要到雨水節氣後太陽才躔娵訾之次，當時沈括提出了修正，但明清時六壬術中「月將」仍然沿用宋代沈括修正的起法沒有再修正。

由於以真實星象周期的推步術是非常繁複，而且古代星象推步術本身亦有不少誤差，大多數術數除依曆書保留了太陽（節氣）、太陰（月相）的簡單宮次計算外，漸漸形成根據干支、日月等的各自起例，以起出其他具有不同含義的眾多假想星象及神煞系統。唐宋以後，我國絕大部份術數都主要沿用這一系統，也出現了不少完全脫離真實星象的術數，如《子平術》、《紫微斗數》、《鐵版神數》等。後來就連一些利用真實星辰位置的術數，如《七政四餘術》及選擇法中的《天星選擇》，也已與假想星象及神煞混合而使用了。

隨着古代外國曆（推步）、術數的傳入，如唐代傳入的印度曆法及術數，元代傳入的回回曆等，其中我國占星術便吸收了印度占星術中羅睺星、計都星等而形成四餘星，又通過阿拉伯占星術而吸收了其中來自希臘、巴比倫占星術的黃道十二宮、四元素學說（地、水、火、風），並與我國傳統的二十八宿、五行說、神煞系統並存而形成《七政四餘術》。此外，一些術數中的北斗星名，不用我國傳統的星名：天樞、天璇、天璣、天權、玉衡、開陽、搖光，而是使用來自印度梵文所譯的：貪狼、巨門、祿存、文曲，廉貞、武曲、破軍等，此明顯是受到唐代從印度傳入的曆法及占星術所影響。如星命術的《紫微斗數》及堪輿術的《撼龍經》等文獻中，其星皆用印度譯名。及至清初《時憲曆》，置潤之法則改用西法「定氣」。清代以後的術數，又作過不少的調整。

術數在古代社會及外國的影響

術數在古代社會中一直扮演着一個非常重要的角色，影響層面不單只是某一階層、某一職業、某一年齡的人，而是上自帝王，下至普通百姓，從出生到死亡，不論是生活上的小事如洗髮、出行等，大事如建房、入伙、出兵等，從個人、家族以至國家，從天文、氣象、地理到人事、軍事，從民俗、學術到宗教，都離不開術數的應用。如古代政府的中欽天監（司天監），除了負責天文、曆法、輿地之外，亦精通其他如星占、選擇、堪輿等術數，除在皇室人員及朝庭中應用外，也定期頒行日書、修定術數，使民間對於天文、日曆用事吉凶及使用其他術數時，有所依從。

在古代，我國的漢族術數，甚至影響遍及西夏、突厥、吐蕃、阿拉伯、印度、東南亞諸國、朝鮮、日本、越南等地，其中朝鮮、日本、越南等國，一至到了民國時期，仍然沿用着我國的多種術數。

術數研究

術數在我國古代社會雖然影響深遠，「是傳統中國理念中的一門科學，從傳統的陰陽、五行、九宮、八卦、河圖、洛書等觀念作大自然的研究。……傳統中國的天文學、數學、煉丹術等，要到上世紀中葉始受世界學者肯定。可是，術數還未受到應得的注意。術數在傳統中國科技史、思想史，文化史、社會史，甚至軍事史都有一定的影響。……更進一步了解術數，我們將更能了解中國歷史的全貌。」（何丙郁《術數、天文與醫學 中國科技史的新視野》，香港城市大學中國文化中心。）

可是術數至今一直不受正統學界所重視，加上術家藏秘自珍，又揚言天機不可洩漏，「（術數）乃吾國科學與哲學融貫而成一種學說，數千年來傳衍嬗變，或隱或現，全賴一二有心人為之繼續維繫，賴以不絕，其中確有學術上研究之價值，非徒癡人說夢，荒誕不經之謂也。其所以至今不能在科學中成立一種地位者，實有數困。蓋古代士大夫階級目醫卜星相為九流之學，多恥道之；而發明諸大師又故為惝恍迷離之辭，以待後人探索；間有一二賢者有所發明，亦秘莫如深，既恐洩天地之秘，複恐譏為旁門左道，始終不肯公開研究，成立一有系統說明之書籍，貽之後世。故居今日而欲研究此種學術，實一極困難之事。」（民國徐樂吾《子平真詮評註》，方重審序）

現存的術數古籍，除極少數是唐、宋、元的版本外，絕大多數是明、清兩代的版本。其內容也主要是明、清兩代流行的術數，唐宋以前的術數及其書籍，大部份均已失傳，只能從史料記載、出土文獻、敦煌遺書中稍窺一鱗半爪。

術數版本

坊間術數古籍版本，大多是晚清書坊之翻刻本及民國書賈之重排本，其中豕亥魚魯，或而任意增刪，往往文意全非，以至不能卒讀。現今不論是術數愛好者，還是民俗、史學、社會、文化、版本等學術研究者，要想得一常見術數書籍的善本、原版，已經非常困難，更遑論稿本、鈔本、孤本。在文獻不足及缺乏善本的情況下，要想對術數的源流、理法、及其影響，作全面深入的研究，幾不可能。

有見及此，本叢刊編校小組經多年努力及多方協助，在中國、韓國、日本等地區搜羅了一九四九年以前漢文為主的術數類善本、珍本、鈔本、孤本、稿本、批校本等千餘種，精選出其中最佳版本，以最新數碼技術清理、修復版面，更正明顯的錯訛，部份善本更以原色精印，務求更勝原本，以饗讀者。不過，限於編校小組的水平，版本選擇及考證、文字修正、提要內容等方面，恐有疏漏及舛誤之處，懇請方家不吝指正。

心一堂術數古籍珍本叢刊編校小組

二零零九年七月

星命風水祕傳目錄

上海星相研究社編輯

上編　星命

第一章　算命入門

第二章　命理真傳

第三章 歌訣必讀

第四章 陰陽生剋論斷

第七章　格局舉例

第八章 婦孺命理

下編 風水

第一章 陰宅總論

第七章　向法撮要

第八章　陽宅撮要

星命風水秘傳

上海星相研究社輯編

上編 星命

第一章 算命入門

△星命原始

溯自軒轅氏造干支以十干象天。十二支象地。復經大撓氏按河圖所載日月星辰之象。探五行之義。占斗杓(東北第七星)所指定正月建寅之例。演成六十花甲子。(以十天干爲幹、十二地支爲枝、)又經容成氏作渾天儀。(名曰蓋天、)象周天之形。別五行之氣。闡明陽生陰死之祕奧。分析春夏秋冬之發斂。造成歲紀甲寅日紀甲子之調曆。斯爲命理之先河。因命理必與星宿同參。故稱星命。自三代迄周不乏星命專家著書以論命理之原委。自經祖龍一炬。(秦始皇焚書也、)僅存一鱗半爪。不足徵也。唐書所載李虛中取人生年月日之干支生尅論命理之貴賤壽夭。當時星命家均奉爲圭臬。韓昌黎爲之作墓誌。亦稱許之。緣當時星命幼稚。無人究其得失也。直至有宋徐公子平。始創四柱命理。以日干爲主年爲根。月爲苗。日爲花。時爲果。以生旺死絕休囚制化。決人生之休咎。其法獨得其正。而且通上徹下。概括無遺。足爲後學楷模。至今談星命者。無一不宗子平法也。

△算命派別

李虛中與徐子平。均爲創作星命學大家。何以後世都宗子平法。而棄虛中耶。蓋因李法取年月日時平論。泛而不精。子平法取日干作主。專而確當。故也。所以自宋迄清。代有星命專家。莫不服膺子平法。無人敢非議之者。沿革至今。派別日夥。大別之有鐵板算命彈絃子算命。拉胡琴算命（此為正派）抽牌算命。紫竹算命。梅花算命。丟筶算命。金錢算命。摸數算命。鳥銜牌算命。八鴿滾算命。隔夜數算命。扒烏龜算命等。（此為別派）十餘種。在若輩標新立異。各存門戶之見。正派則鄙棄別派。亮眼則賤視瞎眼。究其實。都宗子平法。所別者標榜之形式耳。至於推算命理。憑各人之天資穎悟與研究功夫。以別準否。瞎眼全賴五指輪算。必須熟讀長生掌訣及五行生尅陰陽通變六親冲合等各種緊要歌訣。但盲目不能觀書誦讀。由其師口授各訣。背誦如流。自能永久不忘。亮眼全賴多讀多看星命書。無論何派。不下研究功夫。難期深造也。

△起八字訣。

命理全憑八字。起得準。推算命中休咎。方得準確。八字者。乃生年月日時之干支。上為天干。四字。下為地支四字。故曰八字。雖則年月日之干支。萬年曆上記載詳明。可以檢查。惟各人之生時。萬年曆並無記載。現在雖有時辰鐘可按。亦僅知幾點幾分為某時地支字所當配合之上一天干字。無處可查。祇有用日上起時訣。（見後）推算。方能明瞭。而且萬年曆上之年月日干支。祇可死按。不能活用。蓋生人八字各有變通。例如乙丑年正月初五子時立春。凡正月初一至初四亥時所生者。例當以上年甲子年建為生干支推算。命書上祇可寫乙丑。此為生年變通之舉例。又知月建為丙辰。生於三月初一子時上四刻。例當以上月底乙卯月建為主。此為變通之舉例。至於生日變通。與生時有連帶關係。所當注意者。為半夜子時。預先將準確之鐘表開準。如落地為子時上四刻。例當以前日干支為主。由是以言。萬年曆祇可備作查攷。不能當作起八字之惟一鴻寶。欲求八字準確。當憑下列四法起算。自無舛誤矣。

△掌上推年法。

年分干支。有萬年曆可查。無煩推算。然而瞽者盲目不能視。遇人算命。報稱幾歲。若不用掌訣推算。烏從

知其年建則非用推年掌訣不可（掌訣圖附後）

掌訣

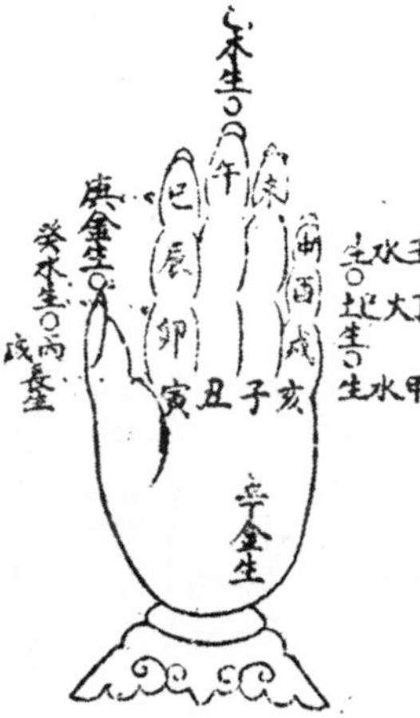

掌訣用法例如歲在乙卯算命者報稱四十九歲欲知其属何干支即用掌訣推算法以左手大拇指照圖輪算其餘四指從無名指根部子位起中指根部爲丑照圖所定十二地支部位逐一順挨輪至本年歲紀乙卯字在食指第三節起作一歲倒推滿四十一歲逆挨天干八位至一歲部位即得起自一歲乙卯倒退寅上爲二歲數至巳字爲十一歲乙巳二十一歲爲乙未三十一歲爲乙酉四十一歲爲乙亥還餘八歲從小指第三節向上逆數天干從甲字起癸壬辛庚巳戊丁倒輪八位至丁卯爲止即知四十九歲爲丁卯年生餘仿此掌訣必須練熟苟非盲目都貪便利翻閱萬年曆不願用此推年法惟盲目者不得不用耳

△年上起月法

年上起月其法較易因夏正建寅年年正月必爲寅

△附掌訣圖

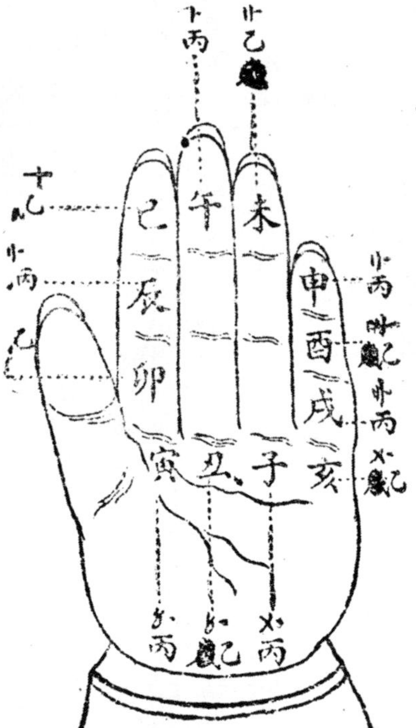

月以下十一個月。亦可順挨而知。所推算者。僅一天干字。亦有一定之歌訣。曰甲己之年丙作首。（甲年、己年正月必爲丙寅）乙庚之歲戊爲頭。（乙年、庚年正月必爲戊寅）丙辛之歲尋庚上。（丙年、辛年正月必爲庚寅）丁壬壬位順行流。（丁年、壬年正月必爲壬寅）若言戊癸何方起。甲寅之上好追求。戊年、癸年正月必爲甲寅）熟讀此訣。推得年建後。即知是年之正年干支。其餘十一個月。亦可順挨而知。無煩推算也。

△日上起時法

人之生時。現在雖有鐘錶可查。僅有一地支字。上配之天干。無從稽攷。於是起時訣尚焉。訣曰。甲己還生甲。（甲日、己日例從子時起甲子、丑時爲己丑、順挨至本生時爲止、）乙庚丙作初。（乙日、庚日從子時起丙子、丑時爲丁丑、挨至本生時爲止、）丙辛從戊起。（丙日、辛日從子時起戊子、挨至本生時爲止、）丁壬庚子居。（丁日、壬日從子上起庚子、順挨至本生時爲止、）戊癸何方起。壬子是眞途。（戊日、癸日、從子上起壬子、順挨至本生時爲止、）此訣必須熟讀。永遠不忘。方能不加思索。唸訣即得。例如甲寅日丑時生。唸一句甲己還生甲。即知生時爲乙丑。餘可類推。至於日主干支。淵海子平。並無月上起日歌訣。祇可檢查萬年曆。盲目算命。其師自有祕訣相授。

△排八字祕訣

八字起準。即須推排八字中之喜忌冲合。其法以日干爲主。按後列陰陽通變表與年月時之干支。查看以分陰陽偏正生尅。則命中所遇之吉神忌神。先查八字中上四個天干字。查得之正偏比印傷食等。寫在天干上端。次查下四個地支字。但是天干陰陽通變表不列地支。查看祇可用地支中所藏之天干五行。例如日主地支爲子字。當用子中藏癸水口決。（參看地支分藏天干五行表、）用癸字爲子字替代。與年月時之地支中所藏之天干相對。（照表查着、寫於地支字下端、）是爲排八字之入門祕訣。即憑

八字照表查得之生剋冲合論斷休咎格局。（參看陰陽生剋詳解）

△天干陰陽通變表

（天干五陽通變生剋表）

（日主橫看）	（甲）	（丙）	（戊）	（庚）	（壬）	五干屬陽喜合（生剋暨看）
	甲	丙	戊	庚	壬	爲比肩、兄弟及朋友之類。
	乙	丁	己	辛	癸	爲敗財、羊刃、主剋父及妻。
	丙	戊	庚	壬	甲	爲食神、天廚、壽星、又爲男。
	丁	己	辛	癸	乙	爲傷官、退財、剝官、剋子息。
	戊	庚	壬	甲	丙	爲偏財、偏妻、偏妾、又爲父。
	己	辛	癸	乙	丁	爲正財、正妻、驛馬、主剋母。
	庚	壬	甲	丙	戊	爲偏官、七煞、官鬼、將星、權。
	辛	癸	乙	丁	己	爲正官、建祿、榮身及魁星。
	壬	甲	丙	戊	庚	爲倒食、偏印、梟神、剋子女。
	癸	乙	丁	己	辛	爲印綬、文書、庇蔭及產業。

【說明】此表以日干爲主。與年月時之干支查對。以分陰陽生剋第一行五個括弧中之天干卽爲日干。以外十行。卽備作年月時干之用例如日干爲甲。月干亦爲甲謂之比肩又常知十天干有陰陽之分。本表所列甲丙戊庚壬全屬陽下表所列乙丁己辛癸全屬陰凡日干爲陽所查年月時之天干亦爲陽謂之陽見陽爲偏陽見陰爲正陰見陰亦爲偏陰見陽亦爲正。又須分別生我者爲正印偏印。此憑五行

生剋而斷。我字卽指生日之天干。與年月時之天干相對。如日干屬土。遇見月干爲火。火生土卽爲生我。月干爲木。卽爲剋我者。我生者例如日干爲庚屬金。遇見月干爲癸屬水。金生水、卽爲我生者。遇見月干爲甲屬木。金剋木卽爲我剋者。必須熟讀五行生剋表。天干分配五行五方訣。自能一目了然。）我生者爲傷官食神。餘見陰陽通變生剋歌訣。至於陰陽通變。例如甲木見甲爲比肩。見庚金爲偏官七煞。見辛金。却爲正官建祿。見壬水爲偏印。倒食見癸水爲印綬。庇蔭喜忌適相反。卽通變義也。如查對得七煞。八字中有制。當作偏官。無制方爲七煞。例如辛見丁爲煞。丁爲火。八字中若有癸水。卽爲有制剋也。餘仿此

（天干五陰通變生剋表）

日主橫看	（乙）	（丁）	（己）	（辛）	（癸）
	乙	丁	己	辛	癸
	丙	戊	庚	壬	甲
	丁	己	辛	癸	乙
	戊	庚	壬	甲	丙
	己	辛	癸	乙	丁
	庚	壬	甲	丙	戊
	辛	癸	乙	丁	己
	壬	甲	丙	戊	庚
	癸	乙	丁	己	辛
	甲	丙	戊	庚	壬

五干屬陰喜冲（生剋豎看）

爲比肩、兄弟姊妹及朋友。
爲傷官、小人盜氣及姪孫。
爲食神、天厨壽星及子孫。
爲正財、正妻剋母主重義。
爲偏財、偏妻偏妾主剋子。
爲正官、祿馬剋父母制兄。
爲偏官、七煞官鬼剋兄弟。
爲印綬、正人君子忌冲煞。
爲倒食、偏印梟神主剋母。
爲刼財、逐馬剋妻助傷官。

【說明】查對法。與前五陽通變表相同。惟遇月干在乙丁己辛癸五字之中者。須檢核此表。此係排八字之入門法。查得四柱命理中之陰陽生剋。還須細查有無格局及喜忌星神。有則須於八字上標明。至於論斷命中休咎。須熟讀第四章六親生剋諸訣。方能明瞭八字中之吉凶禍福與富貴貧賤。然而經憑此陰陽生剋。尚不足為據。還須安命宮。推大小運。起胎息。起通變。一一推算。齊全論斷自然準確矣。

△地支分藏天干五行表(此表最關重要、看四柱命理下四個地支字之陰陽生剋、即憑支中所藏天干互相對照以分生剋、學者必須熟讀)

子：中藏癸水。丑：中藏辛金。癸水己土　寅：中藏丙火。甲木戊土　卯：中藏乙木。
辰：中藏戊土。乙木癸水　巳：中藏庚金。丙火戊土　午：中藏丁火。己土　未：中藏己土。乙木丁火
申：中藏庚金。戊土壬水　酉：中藏辛金。戌：中藏丁火。戊土辛金　亥：中藏壬水。甲木、

△天干分配五行五方表(此表須熟讀、蓋不知天干分配五行、無從分別生我剋我我生我剋也)。

甲乙木。屬東方青龍之象。為寅卯辰之位。丙丁火屬南方朱雀之象。為巳午未之位。戊己土屬中央勾陳螣蛇之象。為辰戌丑未之位。庚辛金屬西方白虎之象。為申酉戌之位。壬癸水屬北方貢武之象。為亥子丑之位。(木為青色、火為赤金土為黃色金為白色水為黑色)(其餘諸要訣俱列第三章)

△陰陽通變起例(熟讀)

陽見陽為偏陽。見陰為正。陰見陰為偏。陰見陽為正。剋我者為正官偏官。生我者為正印偏印。我生者為傷官食神。我剋者為正財偏財。比肩者為刼財敗財。

五陰通變生我者爲父母我生者爲子孫剋我者爲官鬼我剋者爲妻財比肩者爲兄弟（讀熟五行生剋訣則生我剋我一目了然）

第二章　命理真傳

△安命宮法

安命逢卯起宮須用掌訣輪算（圖見第一章）例如四月寅時生用掌訣逆數從無名指根子上起正月小指根亥上爲二月戌上爲三月酉上卽是本生四月再以寅時加在酉上向後順數卯在戌上戌卽命宮無論男命女命概以逢卯起宮不過安命須憑太陽爲主節氣爲度例如正月二十七日生而正月二十六日亥時巳交驚蟄則太陽巳過二月節安命須憑太陽度數批命必須寫明卯過寅宮餘類推

△起大運法

大運卽是行運算命必先推得行運之始期然後十年一易幾歲交某宮運爲吉爲凶可以預知起大運法從所生之日起須照五陽五陰通變表所分天干別爲陽男陽女陰男陰女三日折一歲少一日可借一日多一日可減一日陽男陰女順運例如甲子年生甲巳之年丙作首正月建丙寅初一日立春後一日生男爲陽男順數至二月節驚蟄得三十日折作十歲起大運順行丁卯又如乙丑年乙庚之歲戊爲頭正月起戊寅初一立春十八日生女爲陰女順數至二月驚蟄節止得十二日起四歲運順行己卯餘仿此陰男陽女逆運例如乙丑年乙庚之歲戊爲頭正月起戊寅初一立春後十五日生男逆數至初一立春節止得十五日起五歲運逆行丁丑又如甲子年正月建丙寅初一立春後十日生女爲陽女逆數至初一立春節止得十日減一日起三歲運逆行乙丑餘仿此類推有訣曰運推節候順未來逆尋過去方折除三日成歲餘加減二添一棄月上追陽男陰女皆順走陽女陰男並逆推

△起小運法

訣曰小運推求起生時陽男陰女順求之陰男陽女

隨逆上一歲不差移。小運適用於未交大運之童命。先憑小運以卜命宮休咎。其推算法由生時而起。例如甲丙戊庚壬陽年甲子時所生之男子。當從甲子順推。一歲乙丑。二歲丙寅。一位一歲。順推而下。如爲陽年女命甲子時生者。當逆行上推。一歲癸亥。二歲壬戌。又如乙丁戊辛癸陰年所生之陰男陰女。男命從生時逆推。女命從生時順推。至於批到吉凶。當以該歲之小運干支與大運柱中日主較量。吉則一年通順。凶則一年不利。

△推小限法

凡算流年運氣。必須先推小限。然後從限上起正月。推算小限用掌訣。以生年地支加於命宮之上。用地支逆數至本年歲支爲止。視所臨掌訣爲某支。即知爲某限。欲知小限之干。以本年歲干遁之。例如丙午命。乙未宮。於乙卯年推小限。以生年干丙字加臨未宮上。逆數至本年歲支卯字止。所臨掌位是戌。即知爲戌限。再以乙卯起戊寅。即知爲丙戌限。

△起胎捷訣

胎即胎元。起胎即推算受胎之日也。捷訣用生月之天干後一位與生月之支後三位併合。即是胎元。

△起息捷訣

取日主上天干合處與地支合處。即是合。指干支相合而言。例如日主爲甲子。年月時之天干有己字。乃甲與己合。又見年月時之地支中有丑字。乃子與丑合。即知己丑是胎息。餘仿此。以胎之干支與息之干支比較。相生相扶者主富貴。相剋相冲者主貧賤。

△起變捷訣

起變訣。與起息訣相同。所差別者。當取時上天干合處時下地支合處之干支。即是也。

△起通捷訣

例如甲子月寅時生。卯上安命。取甲己之年丙作首。起丙寅丁卯。即是通。餘則寅卯相通。辰巳相通。午未相通。申酉相通。戌亥相通。子丑相通是也。

△看命入式

看四柱命理以日干爲主（干爲自身支爲妻）以年爲本（干爲祖父支爲祖母）以月爲提綱（爲人之父母干爲父支爲母爲兄弟）以時爲輔佐（干爲子支爲女）算命先起八字次分三元三元者四柱中四個天干字爲天元四個地支字爲地元支中所藏天干五行爲人元（八字中四個地支查對陰陽通變表即憑支中所藏天干爲據參看下列算命演式）子平法先以日上天元與年月時上之天干配合依陰陽通變表查看得財官印綬者吉見敗傷爭鬬者凶次看月令有無格局（格局舉例見後）月令建祿一見財官便發福干支相同干衰損財又傷妻年時露出財官須要身旺身衰財旺反主破財身旺者財亦旺四柱若無財官當看印綬得何局式以定吉凶玆將八字查對陰陽生尅演式如下

△陰陽生尅演式

傷丙子卩

男　官庚寅（財傷刼）

命元　合乙卯比

財戊寅（財傷刼）

【說明】日主乙卯屬陰男查對五陰通變表先以乙字與年干丙字查對爲傷官次與月干庚字查對爲正官又次與時干戊時查對爲正財再取日主地元卯字查看卯中藏乙木與天干乙相對爲比肩與年下地支子字查對子中藏癸水乙見癸爲偏印次與月下地支寅字查對寅中藏甲木丙木戊土乙見甲爲刼財乙見丙爲傷官乙見戊爲正財時下地支寅字與月支相同依樣塡註無須查對也又查日干與月干爲乙庚相合化金故書一合時又查丙子爲天福貴人故書貴人於丙子下又日主乙卯乃乙祿在卯謂之十干祿故書祿星於日主下餘仿此類推

△四柱命理總訣

四柱命理以生日爲主推算法以日干加臨於何度以辨自身（卽日干）之旺弱次看地支中有無格

局及五行之數後看月令五行之衰旺（如秋金當旺冬木當衰之類）看法宜活不宜死防有其他生扶制化也例如日主甲子四柱中有申辰二字申子辰合成水局復看餘辰有何損益四柱中有無他字損及甲子及其用神者（用神取訣見後）日干最忌見十惡大敗（十惡大敗見凶星章）若遇財官反成富貴年帶官星印綬主早年得官月帶官星印綬主生性聰明時主平生燥履苟有吉神凶神年月日吉者生之凶者制之年有用神得祖宗之餘蔭月有用神得父母之餘福時有用神得子孫之助力四柱中煞印相生功名顯官煞重逢制伏功（官煞重逢者凶如行帝旺則吉）傷官見官格中大忌不損用神尚無妨礙（用神即月支五行定局圖中每月所藏之天天五行然取法有變化當參看因及用神取法變化論）庚日申時透祿生財壬騎龍背遇成無情辰多者榮寅多者富八字連珠（甲乙丙丁之數）名利亨通天元一氣貴顯無窮至於五行生剋

制化變化多而須以活法推之不能拘泥古法例如古法之甲木生於亥而死於午乙木生於午而死於亥丙寅屬火絕於亥本主凶殊不知亥中有木而生丙火日亥時便多貴格此特舉例耳故看命不能單憑生旺而斷吉衰敗而斷凶要當活看蓋五行生剋制化各有喜害以言喜如火旺得水則相濟水旺得土則成池木旺得金則成棟樑土旺得木方疏通皆爲所喜不作相剋論以言害如金賴土生土多則金埋土賴火生火多則土焦火賴木生木多則火熾木賴水生水多則木漂水賴金生金多則水濁皆爲所害不作相生論又當知一年之內陰陽須分兩期各主生旺之氣冬至一陽生有木生火旺之象甲乙日干立命在冬至前者陽氣未動木枯萎而命少吉利發旺如甲乙日干生在冬至後者陽和動而草木有向榮之象其命必然福祿俱全惟須用神入格者方驗不入格無效

△月支遁藏五行定局圖

月支遁藏五行定局之圖

一名月律分野圖

夷則七月	巳土七月二分三 申戊土三日一分 申壬水三日一分 庚金十七日五分七
南呂八月	庚金十日三分三 酉丁巳長生 辛金二十日六分七
無射九月	辛金九日三分 戌丁火三日一分 戊土十八日六分
應鐘十月	戊土七日二分三 亥甲木五日一分 壬水十八日六分
黃鐘十一月	壬水十日三分三 子辛金長生 癸水二十日六分七
大呂十二月	癸水九日三分 丑辛金三日一分 巳土十八日六分
太簇正月	戊土七日二分三 寅丙火七日三分三 甲木十六日五分四
夾鐘二月	甲木十日三分三 卯癸水長生 乙木廿日六分七
姑洗三月	乙木九日三分 辰癸水三日一分 戊土十八日六分
仲呂四月	庚金九日三分 巳戊土五日一分七 丙火十六日五分三
蕤賓五月	丙火十日三分三 午巳土九日三分 丁火十一日三分三
林鐘六月	丁火九日三分 未乙木三日一分 巳土十八日六分

【說明】圖中每月所註之天干五行。卽備取作用神之用。惟須憑生月生日爲斷。以別深淺衰旺。如十一月初一至初十日以內者當取壬水。故註三分三。十一至三十日以內者當取癸水。故註六分七。其餘各月倣此。但是此係死用之古法。近世星命家取用神活看活用。參看下列用神變化取法。

△用神變化取法

用神爲命理之總樞。取得準則推算命中窮通得失。不爽毫厘。取法憑日干配月令地支而得。但是一個地支字中有藏三個。或二個、或一個天干不等。由是取用逢有變化矣例如寅中藏甲木丙火戊土若辛日生於寅月逢丙則化財爲正官若乙日生於寅月透戊爲正財會午會戌則月刼化爲食神傷官此皆用神變善之例又如丙日生申月本爲偏財而透壬藏庚會子會辰化爲七煞矣此爲用神變壞之例又有難變而不失本格者則辛生寅月遇丙化財爲官而又透甲仍爲正財格正官爲其兼格乙日生申月透壬化印又透戊則成正官格印爲兼格此爲變而不失本格之例總之得取正財正官印綬食神爲用神之善者若順用之惟官不可傷財不可刼印不可壞食不可破若取七殺傷官刼財羊刃爲用神之惡者當逆用之用七煞須要制刼不宜制伏過甚遇傷官須傷盡傷之不盡多災禍至於用神喜忌正官怕見財星印綬忌財喜煞傷官怕行官運羊刃喜合怕冲食神喜逢偏財比肩見煞制伏

△推算流年祕訣

推算流年以所値年建干支爲主卽逐年流行之太歲稱謂年中天子管一年之禍福不可有侵犯推算須與大運同參蓋太歲爲君大運爲臣例如太歲値甲申大運適行己巳甲申與己巳相合謂之君臣和悅不必細看回顧七餘該歲必然大吉大利又如日干爲甲子巧逢太歲亦爲甲子謂之年日相併君臣慶會貴人得之加官晉爵士人得之功名得遂惟須與歲君帝座相和方驗貴賤人得之爲禍非輕若得生時和合爲禍較輕如遇白虎羊刃勾絞孤害天亡暴敗官符天厄宅墓病死等諸凶加臨禍患百出又如太歲在寅大運行己寅刑己太歲在子大運行午子午相冲謂之君臣戰鬪該歲流年必然凶多吉少更有歲傷日主例如辛金太歲遇乙木日主猶如以君臨臣若遇吉星尙無妨礙若遇壬水日主遇丙火太歲謂之日犯歲君該歲流年必多災禍倘四柱或大運中見有戊辰丑土以制壬水使之不敢剋丙火謂之五行有救又如四柱或大運中見一辛字辛與丙合謂之四柱有情若得有情有救該歲流年可保

逢凶化吉。總而言之。推流年最忌日干犯歲君。陽干更重於陰干。若遇太歲剋生時。生時剋太歲。亦主多災。看流年有星凶神。先看身命限度。例如子限行寅當生難星守於大限流年。難星亦到。是爲大凶。倘有官祿田財及天地官符命限爲禍稍輕。若遇流年有白虎喪門守命限。主有孝服。當生無難星到限而濟年有難星到命限者。必見災禍。若得當生有一吉星相照者。主吉。主宰流年之吉星凶星。謂之七政四餘。木炁金水土等爲喜星。火羅計孛爲凶星。餘則依命宮分難恩星立命於子。以火羅爲恩星。木氣爲難星。火羅照命反凶爲吉。逢紅鸞天喜主喜。逢羊刃空亡太歲被刼不能降福。若逢喪門白虎天咒弔客主喪親。遇死符披麻血刃。輕病重死。太歲守命限得恩星塡起。一年平安。仇難星塡之。一年凶災疊出矣。

△生旺死絕定局表（五陽干順看、五陰干逆看、以日干爲主、與年月日時地支查對）

（陽干順推）	（甲）	（丙）	（戊）	（庚）	（壬）	（日主橫看）
	亥	寅	寅	巳	申	長生
	子	卯	卯	午	酉	沐浴
	丑	辰	辰	未	戌	冠帶
	寅	巳	巳	申	亥	臨官
	卯	午	午	酉	子	帝旺
	辰	未	未		丑	衰
	巳	申	申	亥	寅	病
	午	酉	酉	子	卯	死
	未	戌	戌	丑	辰	墓
	申	亥	亥	寅	巳	絕
	酉	子	子	卯	午	胎
	戌	丑	丑	辰	未	養

陰干(逆推)	(乙)	(丁)	(己)	(辛)	(癸)	日主橫看
	午	酉	酉	子	卯	長生
	巳	申	申	亥	寅	沐浴
	辰	未	未	戌	丑	冠帶
	卯	午	午	酉	子	臨官
	寅	巳	巳	申	亥	帝旺
	丑	辰	辰	未	戌	衰
	子	卯	卯	午	酉	病
	亥	寅	寅	巳	申	死
	戌	丑	丑	辰	未	墓
	酉	子	子	卯	午	絕
	申	亥	亥	寅	巳	胎
	未	戌	戌	辰	丑	養

△生旺死絕定局論

長生　爲五行載福之地。倘得時日重逢。主多才幹。更遇吉神。少年顯貴。祖業富厚。六親無剋。終身享福。

沐浴　爲五行裸形之地。猶如生孩浴於水中。無力支撐。乃是凶神。男命犯之。應孤獨敗亡。女命犯之。未嫁敗娘家。已嫁敗夫家。頭生子女都夭折。

冠帶　猶如人當及冠。正是創基立業之始。期初主貧寒。中主貴。倘遇貴人臨本位。平步青雲。箕裘克紹。

臨官帝旺　猶如人當强壯之年。正是取富貴。享榮華之時。命中若得官旺同達。定然家業興隆。欲求功名顯達。但期祿貴同宮。縱使失位居林下。姓名也得震寰中。

衰病死　猶如人至七十八十歲。自然衰老多病而易死。命中遇此三字。不論年少年老。皆非吉兆。故曰。衰病相逢更值死。孤貧至老無妻子。不僅飢寒交相迫。而且災病無已時。倘得吉神救助。則變災爲福。

墓　即是墓庫。一稱葬神。好比人埋葬地。倘得正財正官印綬藏庫中。反要刑冲財官方吉。

絕　猶如絕境。命中犯此。倘無救助。正是絕命。故曰。絕中逢旺最難推。要向當生命裏尋。

胎　猶言胞胎。故曰胞神。一位難爲絕。剋陷妻孥家

道劣不獨終日走忙忙。羊食狼貪無以別。養　猶言胎養若得五行生胎吉星相扶者吉。蓋胎養半凶半吉得貴神相會便成福惡煞重逢是禍災

△六親總論

年看祖宗興廢。若逢財官。且坐祿馬。主祖宗榮顯。月推父母兄弟存亡。若見官煞。兄弟凋零。即使兄弟俱存。必不和睦。比刼重重。必損父。偏財爲父。正印爲母。財星旺者反損母。官煞爲子。傷官食神皆損子。官煞太重而剋制。日主須得傷官食神制伏方能生子。至於六親受剋與否。容易推詳。例如四柱中印綬見財。剋祖母及母。見比刼羊刃者。剋父及妻。多見官煞者。剋兄弟。多見傷官食神者剋子女。見梟印者剋祖母傷孫。如日干爲甲。遇戊爲偏財。財旺則父與財衰。則父敗。倘見甲寅或木局。金必主剋父。父在亦必殘廢。要知偏財是生父。若逢刼財主刑傷。印星是生母。若逢財旺必相傷。陰干正財作父論。若逢比刼也刑傷。偏印梟神爲偏母。若遇偏財母早亡。月令刑傷剋兄弟。木遇庚辛姊妹傷。(木甲乙也、)當生四柱有財星。羊刃時逢定剋妻。歲運更行妻墓絕。妻遭刑剋必歸西。男以官星爲子息。柱中若是見傷官。死別生離難送終。女以食神爲子息。若逢偏印來相剋。且値空亡。子不安。又如月令休囚。貳是官息。敗亡重見皆主剋子。

△命運通塞

三合財官得逢時、直上青雲福祿多。(四柱中已有財官印運遇三合、更逢吉神、謂之運隨時來大吉)。刼財羊刃兩頭居。外面光華內面空。官煞兩頭不出少年夭折少收成。若看壽夭查用神。如運入墓死絕沐浴者主死。冲運限冲提者亦死

第三章　歌訣必讀

△六十花甲子納音歌

甲子乙丑海中金　丙寅丁卯爐中火　戊辰己巳大林木　庚午辛未路傍土　壬申癸酉劍鋒金
甲戌乙亥山頭火　丙子丁丑澗中水　戊寅己卯

城頭土　庚辰辛巳白蠟金　壬午癸未楊柳木
甲申乙酉泉中水　丙戌丁亥屋上土　戊子己丑
霹靂火　庚寅辛卯松栢木　壬辰癸巳長流水
甲午乙未砂中金　丙申丁酉山下火　戊戌己亥
平地木　庚子辛丑壁上土　壬寅癸卯金泊金
甲辰乙巳覆燈火　丙午丁未天河水　戊申己酉
大驛土　庚戌辛亥釵釧金　壬子癸丑桑柘木
甲寅乙卯大溪水　丙辰丁巳沙中土　戊午己未
天上火　庚申辛酉石榴木　壬戌癸亥大海水

△五行生剋訣

金生水。水生木。木生火。火生土。土生金。（謂之五行相生、須用他生我、）

金剋木。木剋土。土剋水。水剋火。火剋金。（謂之五行相剋、須用我剋他）

△地支配五行訣

寅卯屬木。巳午屬火。申酉屬金。亥子屬水。辰戌丑未屬土。（還有天干分配五行及地支所藏天干見前章）

△天干相合訣

甲與己合化土。乙與庚合化金。丙與辛合化水。丁與壬合、化木。戊與癸合化火。（甲順數至巳得六陰故成合、餘如乙至庚等亦然）

△地支三合訣

申子辰相合成水局。亥卯未相合成木局。寅午戌相合成火局。巳酉丑相合成金局。辰戌丑未相合成土局（推算命理、即以三合爲局、入格者貴顯、惟須五行相順）

△六合六害訣

子丑相合。土　寅亥相合。木　卯戌相合。火　辰酉相合。金　巳申相合。水　午未相合。太陽太陰　是爲六合。
子害未、丑害午、寅害巳、卯害辰、申害亥、酉害戌、是爲六害

△地支生肖釋義

子屬鼠。陽　丑屬牛　陰　寅屬虎。陽　卯屬兔。陰　辰屬龍。陽

巳屬蛇陰　午屬馬陽　未屬羊陰　申屬猴陽　酉屬雞陰　戌屬犬陽　亥屬猪陰　（十二支分配動物謂之生肖分屬純取陰陽之義以四爪為陰五爪為陽兼取圓陽方陰之象以鼠屬子居首者取其前足四爪象陰後足五爪象陽以符半夜子時上四刻生者屬上日之夜立命下四刻生者方作當日生是則惟鼠爪足以象陰陽也牛方蹄象陰以配丑虎五爪象陽以配寅兔四爪象陰以配卯龍五爪象陽以配辰蛇無爪取其舌之象陰以配巳馬圓蹄象陽以配牛羊蹄象陰以配未猴五爪象陽以配申鷄四爪象陰以配酉犬五爪象陽以配戌猪四爪象陰以配亥此說取義確當又云十二生肖所配動物各取不全之義如虎無項龍無耳蛇無足鼠無膽犬無胃之類不足據也

▲地支刑冲訣

子刑卯卯刑子（為無禮之刑）丑刑戌戌刑未未刑丑（為無恩之刑）寅刑巳巳刑申申刑寅（為持勢之刑）辰午酉亥為自刑之刑　子午相冲丑未相冲寅申相冲卯酉相冲辰戌相冲巳亥相冲（冲指五行冲剋而言如子宮癸水午宮丁火水能剋火故子午相冲寅宮甲木申宮庚金金能剋木故寅申相冲餘仿此命理遇冲若得逢合（指地支三合如申子辰相合而言）卽不為冲

▲干支配陰陽訣

天干甲丙戊庚壬屬陽乙丁己辛癸屬陰地支子寅辰午申戌屬陽丑卯巳未酉亥屬陰

▲地支相穿訣

子與未相穿丑與午相穿寅與巳相穿卯與辰相穿申與亥相穿酉與戌相穿犯之損害六親自身無害

▲五行旺相休囚

當生者主旺（旺為四時令星）春木夏火秋金冬水是也所生者相春火夏土秋水冬木是也生我者休春水夏木秋土冬金是也剋我者囚春金夏水秋木冬土是也我剋者死春土夏金秋水冬火是也

▲六十花甲子（順逆熟讀表）

順讀表　甲子、乙丑、丙寅、丁卯、戊辰、己巳、庚午、辛未、壬申、癸酉、甲戌、乙亥、丙子、丁丑、戊寅、己卯、庚辰、辛巳、壬午、癸未、甲申、乙酉、丙戌、丁亥、戊子、己丑、庚寅、辛卯、壬辰、癸巳、甲午、乙未、丙申、丁酉、戊戌、己亥、庚子、辛丑、壬寅、癸卯、甲辰、乙巳、丙午、丁未、戊申、己酉、庚戌、辛亥、壬子、癸丑、甲寅、乙卯、丙辰、丁巳、戊午、己未、庚申、辛酉、壬戌、癸亥。

逆讀表　癸亥、壬戌、辛酉、庚申、己未、戊午、丁巳、丙辰、乙卯、甲寅、癸丑、壬子、辛亥、庚戌、己酉、戊申、丁未、丙午、乙巳、甲辰、癸卯、壬寅、辛丑、庚子、己亥、戊戌、丁酉、丙申、乙未、甲午、癸巳、壬辰、辛卯、庚寅、己丑、戊子、丁亥、丙戌、乙酉、甲申、癸未、壬午、辛巳、庚辰、己卯、戊寅、丁丑、丙子、乙亥、甲戌、癸酉、壬申、辛未、庚午、己巳、戊辰、丁卯、丙寅、乙丑、甲子。

△自生自旺定局表（橫看）

（自生）	（自旺）	（自臨官）	（自墓）	（自敗）	（自病）	（自死）	（自絕）
辛巳金	癸酉金	壬申金	乙丑金	甲午金	辛亥金	甲子金	壬寅金
甲申水	丙子水	癸亥水	壬辰水	乙酉水	甲寅水	乙卯水	癸巳水
己亥木	辛卯木	庚寅木	癸未木	壬子木	己巳木	壬午木	庚申木
丙寅火	戊午火	乙巳火	甲戌火	丁卯火	丙申火	丁酉火	乙亥火
戊申土	庚子土	丁巳土	丙戌土	己卯土	戊寅土	己酉土	丁亥土

【說明】此表看法。以甲子納音五行（見前）合地支以定自去自旺等局。凡主命帶自生自旺多者主富貴。不富貴必高壽。帶自敗自絕多者主貧賤。或夭亡。

△節氣五行當旺歌

立春（正月上半月節）一日火方興。雨水（正月下半月氣）之中木正榮。驚蟄（二月上半月節）春分（二月下半月氣）皆木旺。清明（三月上半月節）五日土當與。穀雨（三月下半月氣）氣中藏土旺。須知木性旺於春。（惟木春季常旺）立夏（四月上半月節）五朝當旺土。氣逢小滿（四月下半月氣）火光明。芒種（五月上半月節）夏至（五月下半月氣）俱旺火。小暑（六月上半月節）大暑（六月下半月氣）土當與。立秋（七月上半月節）土猶旺五日。處暑（七月下半月氣）金神旺於秋。白露（八月上半月節）秋分（八月下半月氣）俱金旺。寒露（九月上半月節）霜降（九月下半月氣）土又與。癸水立冬（十月上半月節）歸旺相。小雪（十月下半月氣）大雪（十一月上半月節）水爲奇。冬至（十一月下半月氣）依然歸水旺。小寒（十二月上半月節）大寒（十二月下半月氣）土爲榮。

【說明】此表看全年十二節十二氣之五行當旺。須憑交節氣日時作標準。不能經憑月份作主也。

△八字天干配卦訣

壬甲屬乾數（乾數下屬金壬甲屬乾、故亦下六數、）乙癸向坤求。（坤數二屬土、乙癸屬坤、亦下二數、）庚於震上主（震數三屬水、庚屬震、亦下三數、）辛向巽方留（巽數四屬木、五屬巽、亦下四數、）丙屬艮門立。（艮數八屬土、丙屬艮、亦下八數、）己以離爲頭。（離數九屬火、己屬離、亦下九數、）戊從坎處出（坎數一屬水、戊屬坎、亦下一數、）丁向兌方游（兌數七屬金、丁屬兌、亦下七數、）

△地支配卦分五行

坎子水。艮丑寅木。震卯木巽辰巳。金離午金、坤未申。火兌酉。火乾戌亥水（推算命中吉星凶星、須用此訣、宜熟讀、）

第四章　陰陽生剋論斷

（憑天干五陽陰通變表查對）

△陰陽生剋檢查訣

陽見陰爲正財正官　即陽干見陰干是也。陽干喜合當順看。陰干喜冲當逆看（參看陰陽通變表）如日主爲陽干遇見年月時之天干爲陰干謂之正財正官。例如日干爲甲丙戊庚壬順次見己辛癸乙丁爲正財。如順次見辛癸乙丁己。爲正官。日主下端之地支字。亦須與年月時下端之地支字查對生剋。仍用通變表爲據。嘗憑十二支中所藏天干爲標準。（參看地支分藏天干五行表）

陽見陽爲偏財偏官　陽干見陽干是也。例如甲丙戊庚壬。順次見戊庚壬甲丙。謂之偏財。順次見庚癸甲丙戊。謂之偏官（參看天干五陽通變生剋表即能一目了然）

陰見陽爲正財正官　日主爲乙丁己辛癸俱屬陰。順次遇見戊庚壬甲丙五陽干於年月時干中謂之正財如順次遇見庚壬甲丙戊謂之正官

陰見陰爲偏財偏官　日主爲乙丁己辛癸陰干。順次遇見己辛癸乙丁於年月時干中謂之偏財。順次遇見辛癸乙丁己於年月時干中。謂之偏官。即七煞。

比肩爲比肩刼財敗財　凡日主天干字。與年月時天干字相同。如甲見甲之類。謂之比肩。主兄弟。又甲丙戊庚壬日主順次遇見乙丁己辛癸於年月時干中。謂之敗財。反之日主爲乙丁己辛癸。順次遇見甲丙戊庚壬於年月時干中。謂之刼財

我生者爲傷官食神。　此以日干五行爲主。與年月時天干五行相比。憑五行相生表論斷。如日主爲戊土遇見年月時干。爲庚金。謂之食神。遇見辛金爲傷官。倘日主爲己土遇庚金爲傷官。遇辛金爲食神。其餘木水火各有上下兩字。如甲木乙木之類。俱依此法而推。須以日主五行與生年月時干五行相比。我指日主而言。

生我者爲印綬偏印。　看法與前相同。得有他生我者。便是印綬偏印。何謂他生我。例如日干爲甲木惟水生木。看年月時干中若有癸水便是印綬見

壬水便是偏印。若日主爲戊土。見丁火爲印綬。即正印。見丙火爲偏印。餘類推

我剋者。爲正財偏財。　此以五行相剋爲論斷。即金剋木。木剋土。土剋水。水剋火。火剋金是也。如日主爲甲木。惟木剋土。看年月時干中見己土爲正財。戊土爲偏財。日主乙木。見戊土爲正財。己土爲正財。又如日主爲戊土。惟土剋水。見癸水爲正財。見壬水爲偏財。餘類推。此爲我剋他。主吉

剋我者爲正官偏官。　亦以五行相剋爲論斷。如日主爲甲木。惟金剋木。（此爲他剋我）年月時干中見辛金爲正官。見庚金爲偏官。即七煞。又如日主爲戊土。惟木剋土。年月時干中見乙木爲正官。見甲木爲偏官

【說明】陰陽生剋看法。熟讀各種歌訣者。不必查通變表。一望而知。先取日干與月年時之天干相比。以分偏正傷食比分。別書於四干字之上。再取日支中所藏之天干五行。先與日干相比。次與年月時支中分藏之天干。多至三字。少至一字。挨次相比。亦分偏正傷食比各書於四個地支字之下。端然後依照後列論斷推算命理。中之喜忌得失。一目了然矣。

△正官論斷

正官喜身旺。有印綬食神相助。以財爲引。逢官看財。忌身弱。算命先取提綱。即生日干支與日主相比。若見正官旺方可取作用神。最忌刑冲破害。又忌年月時干俱有官星隱露。又須看四柱中有無喜忌入格。方可論斷吉凶。苟官星遇刑傷破害。謂之有病。宜覓吉神以制之。謂之藥。例如官旺。官多爲病。喜得食神以制之爲藥。官星氣弱爲病。喜得財神以生之爲藥。官旺以助之方吉。官煞皆然。古决云。正氣官星月上推。無冲無破定封侯。若月令有正官。時干支有偏官。不作正官論。（參看第五章正官格）　正官須得印綬。身旺者發。無傷官破印而身强不弱者貴。有官無印無冲破。或生時得正官者。俱貴。倘一位見兩官亦

無妨又如五行官來剋我我去剋官俱不爲害（我指日干而言）惟命中有正官而行傷官運主凶必待印綬官星運旺方吉

△偏官論斷

偏官卽七煞猶如小人奴僕須有制伏一失控御禍患立見故云有制伏爲偏官無制伏爲七煞喜身旺忌身弱喜得食神傷官制伏其凶談便不爲害倘四柱中僅有一煞而制伏則有二三衆行制伏之運反不作福制伏太過故也倘遇三刑六害或羊刃魁罡相冲命凶不可制伏矣若運行制伏使爲掌生殺大權之貴命苟凶神俱聚而運復行殺旺之鄉爲禍無窮偏官喜旺而有制伏有制伏可行殺旺之運無制伏要行制伏之運

△正財論斷

正財一名財星彷彿似正官不喜財多須要得時若四柱中財多而日主有力可以勝任當化作官惟不宜行七煞剋制之鄉正財爲我之妻須得印綬食神相扶則我身旺定得妻財忌見比肩羊刃空絕衝合則身弱縱有妻財不爲我用矣財貴不偏雜不重疊多見而日主有力必然發福若財多身弱而無印助財少身強而有比刼皆難發福例如四柱爲乙卯癸未辛酉戊子此命辛日坐酉乙年坐卯身財俱旺且得癸未食神戊子印綬相助自然大富大貴矣

△偏財論斷

偏財爲衆人之財若見比肩其財必被兄弟姊妹所奪四柱無官星禍患百出財盛無往不利財弱必待歷旺鄉而榮財盛自坐官運行旺相或遇官鄉定然福祿兩全倘比肩透出發福渺矣年上偏財生旺日（如甲乙木坐正二月庚辛金坐七八月）柱中運氣主得祖父外祖及伯父等產業惟須日主興旺運行財旺之鄉方能發福一遇刑冲破害及比刼則財渺矣若日主財星被冲剋或財多生煞乃破祖勞碌之命日時帶財絕無刼敗冲剋主自立成家中晚年大發月令有財絕無刼冲刑剋破害少年富貴之命

柱中財多日主身弱少年文經休敗之地百不如意倘中晚年臨父母之印或地支三合方可相助而勃然復興倘少年乘旺老來脫局終守窮途四柱相主而見偏財別帶貴格不値空亡而得三合財星且行旺運俱爲貴命偏財正財喜忌相同然四柱中有正財不若有偏財重實而發福厚最忌年月上見刼敗比肩謂之孤辰逐馬主剋妻害子破財貧困兼防小人陰賊相害倘犯此忌惟運行財旺之地可期發福若行比刼退敗身死不遠矣論曰偏財不是自己財最怕比刼同位來刼敗不逢日主健官星不露石崇財偏財身旺喜見正官運入官鄉偏財身弱忌見正官刼財忌行刼運

△印綬論斷

生我者爲印綬一名正印又名魁星喜食神、天月德、七煞忌刑冲傷官死墓逢印看煞以官爲引有印有官方成厚福有官無印卽非眞官官能生印喜見官星印能護官使無傷剋月逢印綬忌見財星喜見官星運入官鄉福必淸如甲乙在亥子月生丙丁在寅卯月生戊己在巳午月生壬癸在申酉月生庚辛在辰戌丑未己午月生皆爲月逢印綬若四柱中元有官星謂之官印相生必爲貴人若行官鄉運必發淸福若行死絕運則災害迭至甚且死亡年月日時俱有印綬謂之生氣若無正官只精技藝若見官煞必得爵祿印綬少官鬼多（七煞也）或入他格不可專論印綬最忌四柱中歲運臨財鄉以傷印主破家離祖更臨死絕之鄉不是降職定然夭壽月上見印得父母之力年上見印得祖宗之力時上見印得子孫之力官印兩全必貴如八字爲戊戌庚申癸酉庚戌此命月時皆見印綬年干透出戊官卽爲官印兩全之貴命

△偏印論斷

偏印、卽是倒食人名梟神是財星食神之大忌例如甲木見丙火爲食神能生土財見壬爲倒食壬水剋丙火不能生甲木之土財所謂甲用食神火忌見之

犯之主福壽淺薄。若有制伏。便不爲害。制伏者。如乙日干見癸未癸丑。爲倒食。丑未中藏有己土。以制癸水是也。又如甲日見壬辰壬戌。丙日見甲申。丁日見乙酉乙巳。戊日見丙子丙申丙辰。巳日見丁亥。庚日見戊寅戊辰。辛日見己卯已亥。壬日見庚午庚戌。癸日見辛己辛未。雖則皆露倒食。而俱有剋制。不足爲禍癸。又如柱中身旺。財官俱全。可取倒食以助身發福。陽日干逢之。能暗合傷官生財。陰日干逢之。亦能暗合財。星命中有食神而逢梟神。主財氣屢成屢敗。幼時剋母。壯年剋妻子。四柱露倒食而日主旺。主財豐福厚。若遇刑煞。則身貧壽短。看命必須仔細推求。萬祺賦云。偏印遇財曜。反辱爲榮。梟神見官煞。多成多敗。有傷官則半生豐富。見食神則處世伶仃。

△傷官論斷

我生彼謂之傷官。又有羊刃煞、盜氣、剝官神之稱。諸家論說最夥、當分別五行。以定喜忌。如火土傷官宜傷盡。（傷盡者、四柱不見官星、古作貴看、）金水傷官喜見官。水火傷官官有旺。土金官去反成官。水火傷官。財旺兩見爲喜。火土傷官倘官來乘旺。禍不可言。經云。傷官見官。爲禍百端。惟傷盡始爲吉。如月令在傷官之位。而四柱作合結局。皆在傷官位。不露官星。不見冲破方是傷盡。其命必貴。又如月時俱透傷官。四柱不露官星。亦爲傷盡。若得身財印三旺。乃是極品貴人。傷官要見財。生財氣者食神。傷官盜財氣者。七煞傷官。傷官無財。雖巧必窮。傷官之煞最重。年帶傷官。父母不全。月帶傷官。兄弟不完。日帶傷官。妻妾不完。時帶傷官。子息無傳。傷官格本主用財。然亦有用印者。有人云傷官見官。重則羅刑辟之禍。若傷官而逢官運。無財相救。必招大禍。傷官傷盡逢財運。必然發福。滴天髓云。身弱而傷官旺者。見印可見官。身旺而傷官輕者。見財可見官。傷官旺而財神輕。有比刼者可見官。日主旺而傷官輕。無印綬者可見官。傷官旺而無財。或身弱者。一遇官而有禍。傷官弱而見印。一見官而有禍。總之傷官有財可見官。無財不

可見官又要看身強身弱合財官印綬比肩不同方可不分金木水火土以定喜忌也

△食神論斷

食神又有進神食祿天廚爵星壽星盜氣之稱乃日干所生謂之十干食神又名十干食祿為生我之財神命中帶此主財厚食豐是多福多壽多男之吉神忌倒食厭官星喜得正財相生獨一位見之發福更大喜身旺不喜印綬如命遇財煞之地得食神旺相制伏七煞不足為禍矣年月上透財食必然祖業富厚日時上見財食主妻男獲福食神忌逢偏印為倒食作事有始無終如陽日食神能得暗合官星陰日食神能得暗合印綬官印俱不明顯食神純粹無損必然貴而有祿富而多壽食神只宜一位多者惟行印運則吉少者不宜又如庚以壬為食運行水旺之地主發大財運行木旺之鄉發福必緊

△刼財敗財論斷

五陰干見五陽干為刼財主破耗須防小人損害五陽干見五陰干為敗財男主剋妻害子女主剋夫乃是不去之神故又有逆刃逐馬之名

△比肩論斷

甲見甲乙見乙凡二字相同者謂之比肩專主兄弟姊妹命中有比肩主得弟兄姊妹助力然官符居其宮者必搆訟刃雄居其宮者必帶疾田財官祿入其宮者主弟兄豪富盜亡刼煞入其宮者主弟兄貧夭

△七煞論斷

七煞即偏官通變表中同列一行有制為偏官無制為七煞例如辛見丁為七煞丁為火四柱中若有癸水以剋火有制即為偏官命中有煞未必即是凶苟得身旺（日干五行相生也）合煞（天干相合成局也）便主大富大貴如甲見庚金為七煞得丙丁火以制之得乙以合之此之謂貪合忘煞化凶為吉煞喜制伏制之太過亦非宜忌見財又忌身弱（日主五行被剋為身弱）身弱又行身弱之鄉者主凶身旺又行身旺之運者主吉若得更見羊刃貴不可

言四柱中純殺無官而有食神制伏得宜官居極品倘七煞爲用神雜以正官如得傷官剋制亦然貴居極品倘官爲用神雜以七煞而有食神制伏亦主大貴例如八字爲辛丑乙未乙卯丙子年干透辛丑爲七煞喜得丙子傷官合辛丑之煞（丙與辛合化水水能生日干乙木故云身旺）命主貴而掌生殺大權如四柱中身弱煞旺一無制伏必主貧賤帶病

△羊刃論斷

羊刃惟五陽干有之故又名陽刃命中有刃與七煞相似多主富貴喜見偏財七煞刃無煞不威煞無刃不顯刃殺兩全主有權威倘命中元有煞刃歲運又逢之主凶命中有刃無煞歲運逢煞旺之鄉反成厚福所忌身弱煞旺或傷官財旺羊刃有三一曰刼財刃甲見乙是也不利財官格二曰護祿刃甲見卯是也大利歸祿格三曰背祿刃乙見丙是也大利法官留煞局刼財刃最忌時逢與歲運併臨禍患立見惟日干無氣時逢陽刃不爲凶生日天干臨衰絕病死暴敗之地不通月氣不能勝任財官逢羊刃能刼財化煞矣若犯倒戈羊刃定主砍頭如遇三刑七煞主死遇諸惡曜者主死牢獄

△行運喜忌成敗

命中行運以運之干支配八字之喜忌欲知運之喜忌必以每屆十年之行運干支合命中八字而統觀之分別喜忌以言喜如官用印以制傷官而運來助印印帶財則見忌而運能刼財食祿帶煞以成格而運行逢印財逢官而身輕而運來助身羊刃逢官而運助財印傷官佩印而運行官煞如此之類皆是水火相濟之美運以言忌如正官無印而運行傷官七煞食制而運逢梟神財不透食而運行七煞食神帶煞而運行財傷官佩印而運[illegible]財羊刃用煞而運逢食建祿用官而運逢傷如此之類皆如火上添油謂之敗運又有行運凶而得吉命以生之如官逢傷運命透財印運行七煞而命透食神此皆似忌而實喜者又有行運吉而爲命宮所限者如印逢官運而本

命用煞官逢運透。而本命有合。此爲似喜而實忌。運命相冲。亦有輕重緩急之別。如運本喜而逢冲則輕。運既忌而又逢冲則重。冲時日者緩。冲年月者急。更有一冲而得兩冲者。如乙用申官。運又逢寅。運與本命合成二寅。以冲二申是也。更有行支而不行干者。亦有干同。一類支同一類而不兩行者。如丁生亥月。年透壬官。逢丙則幫身。逢丁則合官。此之謂干同類（丙丁同屬火也）不兩行是也。又如戊生卯月。巳年透申。則自坐長生。逢酉則會巳以傷官。此之謂支同類而不兩行。以上皆爲推算行運之祕訣。至於命之格局。以八字用神（見前）與四柱配合而分成格。如官逢財印。絕無刑冲破害。便成官格。此特舉例耳（參看格局舉例）行運亦有成格變格之分。如本命用神成而未全。得行運從而促成之。謂之行運成格。例如丁生辰月。透壬爲官。運逢申子以會之是也。行運變格者。例如丁生辰月。透壬爲官。又逢戌運。透出辰中傷官是也。

△算閏月歌訣

三十三月逢一閏。節遲退一是斯期。節緊還須加一日。分明類就歲之餘。上年天干來剋我。下年天干我剋他。有閏之年地支同。無閏之年地支冲。（解曰、閏月之法、但觀中氣、以在中氣在晦、則閏後月、中氣在朔、則閏前月、無中氣之月、便謂之閏月）

第五章　四時五行分論

△甲木論（專以日干爲主、四季皆然、例如春季甲木、卽甲日生於正二三月者是也）

春季甲木　木生春季。有欣欣向榮之象。惟正月餘寒猶寒。須得火以煖之。四柱中透丙癸者。主富貴。若得癸歲丙透。謂之寒木向陽。若無冲剋。必然大富大貴。不見丙癸。庸碌之人。最忌者四柱中一派庚辛。傷妻剋子。再得支會金局。非貧卽夭。又如一派壬癸。若無戊己相制。且無丙丁。必然一貧如洗。無庚金而透丁火。是名傷官生財格。主人聰明俊秀。一見癸水。便剋丁火。定爲迂執之士。若支成火局洩露太過。主愚而帶暗疾。若柱中多癸水以助木神。傷滅丁火。必為奸雄。支成木局。得庚為貴。失庚則凶。支成水局。透戊則貴。無戊則貧。總之甲木生正月。柱中有庚戊者吉。若得丁透。富貴命也。論曰正月甲木。指正月甲日生人而言。命之喜忌。全在五行相配得宜。過旺亦非宜。如甲寅生。支中更見寅卯。（多藏木）謂之木旺。須有救制。否則不吉。凡屬五行。皆是如此。凡甲戌亥生與乙為木之源。甲寅卯生與乙為木之鄉。甲辰巳生與乙為木之生。皆屬活木。甲申酉生與乙木受剋。甲午未生與乙木自死。甲子丑生與乙金剋木。皆屬死木。生木見金自傷。得火而透、死木得金而造。得火自焚。庚辛必利。木之死生變化。全憑柱中有救助而定。

木生二月。四柱中庚金得所。主多壽而小貴。運柱中逢財。必是英雄。一見癸水。財煞見困。便成光棍。羊刃重見。必遭橫死。木旺而得火。功名有分。

木生三月。若透庚金。兼得壬水為用。必然大貴。倘天干見二丙。支藏庚金。貧賤之命。各透壬癸破火。可得小功名。倘四柱戊己透干。不見水。支成土局。主因人而得富貴。古云三月無用丁。惟支成金局。古可取丁為用。否則取用當先庚後壬。

夏季甲乙

木生四月。丙火司權。先癸後丁。四柱庚金太多。木必受病。惟透壬水。方主顯達。若見一庚二丙。主小富貴。倘得癸丁庚齊透天干。定主清貴。癸水不透。僅見庚丁。可得捐班官職。壬透主富。若四柱無壬水。又不見庚丁。祇見丙戊或金火太多者。俱為無用之人。

木生五月。先癸後丁。庚金次之。柱中癸庚兩透。主富貴兩全。柱中迭見丙火。更加丁火。謂之傷官。最奇反主清貴。不見官煞。便是傷官傷盡。亦主清貴。柱中多金者。必然煞重身輕。先富後貧之命。最忌柱中見壬水。行運又逢水。貧而夭壽。若然庚金多。柱中透一二丙丁以制之。又得干透壬癸。主先貧後富時月兩透巳土謂之二巳爭合男命犯之主奔流女命犯之主輕賤倘柱中有辰干透二甲二己乃是大富大貴之命倘生於六月便名逢時化合格甲法生於五月六月古法同論茲所論者五六月亦可通用也

木生六月先丁後庚柱中庚丁兩透用神又透木火通明富貴雙全之命若丁火癸水多常人命也

秋季甲木　甲木生秋季四柱中若得丁庚兩透必然清貴先丁後庚火隔水不能鎔金必賴火火必賴甲木引發方熾柱中若見癸水丁火不明而壬水能與丁合故無妨惟須得戊土方能制水以存火

甲木生八月謂之木四金旺（木入秋黃落故曰木四八月秋金當旺之時）以丁火丙火爲先庚金次之柱中丁庚兩透定然顯達倘見癸水功名無分柱中無丁無丙爲僧道之命丙透不逢癸富而且貴倘丙火被癸水所制終身庸碌有丙有庚大富小貴丙丁破金老年暗疾支成金局透庚金木被金傷主殘疾

甲木生九月正值木葉凋落全賴丁火以溫之壬癸水以滋之若得丁壬癸同透且得戊己土以培之小功名可得惟庚金得所功名方有進步若透比肩而無庚金白丁之命運不得用必是赤貧人

冬季甲木　甲木生十月先庚金丁火丙火次之若得庚丁兩透更露戊土於天干此之謂去濁留清主貴極人臣兼爲巨富卽缺丁火而僅見庚戊亦主富而長壽最忌壬水若無戊土相制必然貧賤倘支見申亥戊己得所以救庚丁功名有分若見己土而不見戊力弱難載大貴甲多制戊難得富貴矣

甲木生十一月喜得庚金丁火戊土以培之若得庚丁兩透支見巳寅必然清貴若見癸水剋丁火柱中無土相救必帶殘疾最忌壬水便成死木無丁火相制庸人之命倘支成水局又加壬水主死

無根木。

甲木生十二月。天寒地凍。自無發旺氣象。先庚金。如得利斧除枯枝。次引丁火以煖之。寒木始有生意。柱中若得庚丁兩透。主功名顯達。丁火重重。富貴之命。惟須柱透比肩。爲助則財德俱隆。不見比肩。僅足溫飽而已。丁藏庚透。命主小貴。總之寒冬甲木全賴庚金丁火爲助。少丁火無大礙。缺庚金則糟矣。

△乙木論

春季乙木　是芝蘭蒿草之類。生當正月。春寒猶甚。先得丙火以煖之。次引癸水以潤之。柱中丙癸兩透。定得功名。癸多丙少。火被水困。學優而終爲貧士。丙多癸少。主濁富。有丙無癸。主發福。癸己並見爲下格。二月生之乙木。與正月相似。亦然先丙後癸。丙癸兩透。主大富貴。惟不可兼透庚金。倘天干露庚。地支無辰以化金。賴有癸水滋養。亦主貴顯倘支成木局。干透丙癸。主大貴。若水多困火。及丙戊多者。平常命也。乙木生三月。天氣和暖。先癸後丙。丙癸兩透。不見己庚。淸貴之命。一見己庚。功名無望。丙癸透而己庚混雜。必然貧賤。見庚不見己小康之命。丙戊兩透而見水局者。主得功名。時月並見庚辰。爲二庚爭合。貧賤之命。惟歲干透丁。可破庚。謂之從化。主以軍功得官。

夏季乙木　乙木生夏令。獨賴癸水以滋培。癸水與庚辛同透。命主淸貴。僅見癸水者。小康之命。倘丙戊重重。支成火局。主盲目之命。因四月丙火司權柱中火氣太重故也。

乙木生五月。丁火司權。上半月屬陽。先癸後丙。下半月屬陰。丙癸並用。年上庚辛。時上透癸。功名顯貴。若無癸水。功名無份。柱中透丙火。而又支成火局。必帶殘疾。倘無癸水相制。主夭壽。見壬可解

乙木生六月。先丙次癸。柱多金水。支成水局。更得癸水透干。富貴兩全之命。缺癸便成庸人命。最忌戊己雜亂。倘一派戊土出干。不逢比印。便是財多

身弱必成富室貧人若得丙辛化水必以嫖賭傾家土多不見甲不秀但見丁不見丙癸庸碌之命丙癸兩透更得甲透制戊可得小功名總之夏季乙木專取癸水次及丙火庚辛

秋季乙木　庚金當令兼用己土不重丙癸倘柱中癸透丙藏庚少不用己土主得小功名透癸不見丙必爲刀筆吏支下無丙己而多庚藏癸庸人之命若生辰時謂之從化反主富貴雙全

乙木生八月乃蘭桂之木生在白露前專用癸水爲尊生在秋分後蘭桂花開見日益香丙火爲先癸水次之柱中丙癸同透必然顯達成名無火無水爲勞碌命透癸無壬名曰爲子得母主一生衣食無虧倘支成金局柱中宜暗藏丁火以制金可免木被金傷柱中丙丁火與戊土齊透主得異路功名乙木生在秋分後若得時干透丙火柱中並見癸水名曰水火文星必然貴顯透丙不見癸主得小富貴倘有癸無丙或丙癸俱無便主名利俱空因秋木無火不發也最忌乙木遇强金生命難保矣

乙木生九月專取癸水以滋培柱透癸水並見辛金必然清貴有辛無癸主貧賤有癸無辛爲下格干透戊土支中暗藏戊土不見比刼主富一見比刼財氣被奪必成富室窮人兼少子息

冬季乙木　乙木生十月壬水司權先取丙火次用戊土丙戊同透四柱絕無刑傷冲破主功名顯達見丙不見戊亦入儒林不見丙己主剋妻子壬少戊多亦爲下格支多丙火行入火鄉必然顯達

乙木生十一月專取丙火爲用神不用癸水以免木被水凍柱中丙火兩透不見癸水功名顯達支暗藏丙者主得恩封末秩倘支成水局干透壬癸而無丙火僅透戊土或壬戊俱無必然終身貧賤單有丁火難解寒冬之凍倘一派丁火透出必是大奸巨猾子息衆多若成水局壬癸兩透主貧夭

乙木生十二月專取丙火爲用四柱透一丙火絕

無刑冲不見癸水乃大貴之命倘四柱中多己土絕無比刼冲剋謂之從才格主大富一見比刼貧無立錐四柱干支不見丙火主貧賤

△丙火論

春季丙火 正月丙火當旺須得壬水相濟庚金相助壬庚兩透功名有望干透一庚支藏兩丙可望捐職遷陞支藏庚金干透壬水主得異路功名若四柱中壬水多丙火少須得一戊土以制水方能反凶爲吉主富貴若無戊土便爲殺重身輕必爲刁惡之人年時俱見辛金謂之貪合主好色多戊土無甲木使爲下格

丙火生二月專取壬水有根淸貴之命干透己土不見壬水衣食無虧日透丙子時逢辛卯名曰從化格不逢時必敗祖業倘得丁火破辛金使壬水得安其位主富且貴

丙火生三月專取壬水相濟甲木相助壬甲兩透功名穩取若兼透庚金以制甲木庸碌之命干透壬水支藏甲木大富小貴透甲缺壬主濁富藏壬缺甲主貧窮壬　俱無主愚賤

夏季丙火 丙火生四月專用壬水次取庚金壬庚兩透不見戊土絕無冲剋主以恩廕　官見庚透癸非富卽貴干不透壬名曰孤陽無　無望顯貴壬癸俱無必然貧賤丙火多而無制非夭必爲僧人

丙火生五月先取壬水次用庚金壬庚兩透富貴雙全四柱有一壬水而戊己雜見主得異路功名多火無水乃是和尙命火土雜亂一見癸水必成瞽者若見戊己目不盲而必成孤寡四柱多透甲乙絕無庚辛透藏不見水運謂之炎上格必然大富大貴庚癸透干僅主衣食無虧

丙火生六月先壬次庚壬庚兩透必然顯達單有壬水而無庚金戊土僅主小富貴倘見戊土以制水必成名宦無壬水却爲下格

秋季丙火 丙火生七月取壬水爲用須得戊土相

制如多見壬水。獨出一戊土。謂之一仁化衆煞。主掌生殺大權。多壬無戊。或壬少戊多。俱屬勞碌之命。壬戊並透。功名有望。

丙火生八月。仍取壬水。四柱多丙火。獨透一壬。富貴雙全。壬水暗藏。祇得起碼功名。無壬癸。難取功名。若見辛金。貧苦之命。縱透一丁以相制。亦屬下格。男主奸詐。女主淫賤。

丙火生九月。秋深火衰。先取甲木。次取癸水。甲壬並透。絕無刑剋冲刼。大富大貴。甲癸兩透。主得異路功名。若爲庚金戊土所困。庸愚之命。柱中壬癸庚辛同透。壽限必短。

冬季丙火　丙火生十月。若得甲戊庚同透天干。功名穩取。若得辛金透干。而支見辰。謂之化合逢時。必然大貴。

丙火生十一二月。一陽來復。先取壬水。次及戊土。壬戊並透。功名穩取。壬多戊少。難求仕進。倘透甲木以濟戊。顯貴之命。無戊見己。亦爲異格。多壬無甲。功名可求。

△丁火論

春季丁火　丁火生正月。先取甲木。謂之母旺。次取庚壬癸以相助。庚壬並透。且見己土以相制。穩取功名。若得丁透年干。壬透月干。或則丁透日干。壬見時干。必然官居極品。女命則不貴。一派甲木。不見庚金。貧夭之命。一派壬癸。壬無庚。支無寅。亦爲下格。

丁火生二月。先取庚金。次取甲木。庚甲兩透。穩取功名。庚透甲藏。主得起碼功名。甲透庚藏。當求異路功名。倘四柱中官貴兩全。煞　印旺。庚己並透。逢金水運。主傾家蕩產。倘庚透己藏。行木火運。並無刑冲破剋。必然富貴兩全。

三月正當土旺。丁火洩弱。先取甲木。次取庚金。甲庚同透。功名可得。倘支成水局。干頭更透壬水。謂之殺重身輕。必主夭壽。四柱中戊己兩透。並無刑冲破刼。必然大貴。

夏季丁火　丁火生四月先甲木復庚金柱中甲庚
兩透穩取功名一見癸水謂之溫甲傷庸碌之命庚
戊同透不見甲木定然富貴干透戊土不見甲
木壬水即是傷官傷盡可得小富貴多木多水或
多丙無水制貧苦之命若成一丙不奪二丁格局
即丁年己月丁巳日丙午時生人必成顯官
丁火生五月庚壬兩透支成火局者功名穩取倘
一癸透干絕無刑冲破剋謂之獨殺當權定然顯
貴若日干見丁火時逢丙火四柱中滴水全無僧
道之命壬水或癸水透干更見甲木庚金相扶名
曰木火通明必然大富大貴若火多木少富貴難
以持久
六月丁火反弱專取甲木爲助倘干透甲木支成
木局支中藏水謂之財神有根必然顯貴水多火
不旺者庸碌之命甲庚並透可得小富貴
秋季丁火　七月暑退火弱專取甲木以爲助次取
庚金丙火凡干透甲丙支藏庚金者男主出仕女
主大富總之丁火生於三秋者缺不得甲庚丙其
間緩急冲合大有高下之分
丁火生於八月四柱中甲庚丙並見而無刑冲破
剋者必能大貴
生於九月者專取甲木庚金爲尊甲庚並透貴小
富大甲庚丙同透功名穩取干透庚丙無甲見壬
清貴之命若透一壬兩癸而見戊土相制富貴之
命倘柱中土氣全無便爲庸碌之命丁火兩見於
年干日干透辛無庚即是從才格若無刑冲比刼
郡守之命
冬季丁火　丁火生於三冬專取庚金甲木爲助冬
丁必須有甲木謂之木火通明柱中不怕多金多
水矣干透丙火丁火無光須得支藏壬水以制伏
方保衣食無斷甲庚並透可取功名一見己土便
爲下格支內兼藏金水清貴之命干支中金水俱
無庸碌之命有水無金起碼功名若得年月並透
癸水時干透一辛金柱中絕無一點土氣即是棄命

從煞格。定主大貴。倘支成木局。年月俱透癸水。主得誥封。

△戊土論

春季戊土　戊居五行之中。四時有用有忌。故可不分月份。以春季槪論之。取丙火照煖。甲木疏劈。癸水滋潤。則戊土能生萬物。生於正月二月之戊土。先丙次甲後及癸水。生於三月者。先甲次丙後及癸水。四柱中者得甲丙癸俱透。而無刑冲剋制。大貴之命。倘三者有透（見於天干）有藏（藏於地支）均主小貴。若單見丙而無甲癸。謂之春旱。作事成敗無常。總之正二月生之戊土。必見丙火始發。無丙火而有甲癸。便爲下格。倘一派丙火透甲無癸。主晚年通達。支成火局。柱中水滴全無者。孤貧之命。甲庚兩透。支成木局。而無刑冲破剋者。富貴雙全。若無庚金及比刼。不爲盜賊。必招横禍。戊土生三月。柱中甲丙癸俱無。愚賤之命。一透甲癸。必成顯官。甲癸暗藏。必爲資本家。丙多無癸。猶如旱田無水。乃主先富後貧。火多而透壬水相制。定主先貧後富。見癸水。則先賤後貴。若支成木局。甲乙透干。謂之官殺會合。須透庚金。以掃除之。必然富貴雙全。不見庚金。便成貧賤。須得火以洩木氣。方能貴顯。支成火局。透癸則坐享富貴。透壬亦主富貴。須從辛苦中求之。蓋癸水爲天上甘露。故可安享富貴。壬水爲江河水。須用人力取之。方能潤土而發育也。

夏季戊土　戊土生四月。先取甲木疏劈。次及丙火癸水。丙甲或丙癸同透。必然貴顯。癸透壬藏。絕無冲剋而化合成局者。主貴極人臣。富擬石崇。倘支成金局。干透癸水。謂之土潤金生。主得異路功名。戊土生五月。炎天土燥。先取壬水以潤土。次取甲木以疏劈。丙火酌用。若得壬甲兩透。絕無刑冲破剋。定主大貴。更得年干透辛。乃出將入相之命。支成火局。透癸水力薄。難制貧賤之命。若透壬水穩取功名。

戊土生六月。先取癸水。次用甲木及丙火。癸丙兩透。穩取功名。透丙無癸。衣食無虧。透癸無丙。見甲主起碼功名。無甲主成小康。癸辛同透。主得異路功名。柱中丙辛甲俱無。貧賤之命。土多透一甲。不見庚辛。上格也。

秋季戊土　戊土生七月。先丙後癸。後甲木。三者俱透。既富且貴。丙甲兩透。四柱中見一辰字。名曰癸水會局。富貴之命。透癸甲而無丙。主富而清雅。柱中不見丙甲癸者。下格也。

八月金洩土寒。先取丙火。次及癸水。丙癸兩透而無冲破者。定成顯宦。丙癸皆無。一生勞碌。丙藏無癸。亦是下格。癸透丙藏。小康之命。柱中一派辛金不見丙丁。是謂傷官格。須見癸水。富貴之命。無癸卽爲下格。總之秋土極弱。必得丙丁透干方佳。

九月正當戊土司權。先取甲木。次及癸水。惟忌化合。見金。柱中有甲無癸丙。豐衣足食。有癸無丙。主小康。倘支成水局。干透壬癸。而見比刼者。主富。支成火局。金水兩透者。主小康。不見癸水。貧賤之命。

冬季戊土　十月陽氣發動。先取甲木。次及丙火。甲丙兩透。富貴雙全。干透甲丙。支藏壬水。貴顯之命。透丙藏甲。穩取功名。倘見庚丁相制。主得異路功名。柱中丙甲皆無。僧道之命。

十一十二月。天寒地凍。先取丙火。復取甲木。丙甲兩透。顯貴之命。藏甲透丙。起碼功名。柱透丙火。不見甲。主大富。有甲無丙。主清貧。丙甲俱無。主愚賤。柱多丙火。但見一壬透干者。主淸貴。無壬便主孤寒。

△己土論

春季己土　己土生正月。地凍未解。專取丙火以煖之。忌見壬水。須得戊土以禦之。柱中多壬水。若得戊土透干。淸貴之命。若無戊土。卽爲下格。柱多甲木而得庚癸丙並透者。名謂配得中和。主名利兼收。惟須不見刑冲破剋方應。倘一派甲木不見庚金。若無丁火相制。殘疾之命。一派是火不見水。反

主富
己土生二月。先取甲木。(忌合)次取癸水。甲癸並透。穩取功名。若得兼透丙火。官居極品。一見壬水降爲末秩。甲木被庚金所制。干透壬水並多比刼者。庸碌之命
三月正值插田之時。先取丙火。次及癸水與甲木。丙癸甲俱透。位極人臣。惟須無刑冲破剋。方應。無丙甲而透癸。寒士之命。透丙甲而無癸。富人之命。無甲而透丙癸。多才之士。丙癸俱無。貧賤之命。

夏季己土　夏季田土。宜滋潤。先取癸水。次用丙火。凡己土生於四五六月中者。丙癸並透。兼出辛金以癸水者。富貴之命。若丙火多而更見乙火以制辛。定主孤苦。柱無丙火曰孤陰。無癸水曰旱田。皆不發。

秋季己土　三秋己土。先取丙火以煖之。次用癸水以潤之。丙癸兩透。穩取功名。有丙無癸。必建武功。干透壬癸。不見丙。衣食無虧。支成金局而得癸透有根者。主富中取貴。或支四庫。甲透者富。無甲則貧。

冬季己土　冬土非火不煖。專取丙火爲用。何以不取丁火。蓋丙爲太陽之火。丁爲燈燭之火也。干支見丙。兼透甲木。穩取功名。柱多壬水。透戊土以制之。主富中取貴。壬水透干。孤貧之命。透戊土則不貧。見丙丁則不孤

△庚金論

春季庚金　庚金生正月。寒氣未消。先丙後甲。丙甲兩透。穩取功名。丙藏甲透。必得異路功名。多土透甲者。主貴。甲藏支內者。主富。干透丁火。有土不見水。富貴雙全。惟須無刑冲破剋者。方驗。支成火局透壬。有根者。主大富貴。火局無水。殘疾之命。木被金傷。有救者。小富。不透丙丁。謂之無救。下格也
二月庚金。值乙木司令。專取丁火。次用甲木。丁甲並透。支下又藏丁以制甲。名曰配合。中和大貴之命。丙辛丁透干。支下又藏多木多水。亦主大貴。而

無子以上皆須無刑冲破剋方驗
三月庚金值戊土司權柱中土旺須透甲木以相救無甲便爲下格總之先取甲木後取丁火甲丁兩透絕無冲破功名穩取若逢比肩功名滯鈍丁火透干支藏甲木主得異路功名透甲無丁透丁無甲庸碌之命甲丁俱無下賤之命丁甲藏支兼藏一丙火謂之配合中和主富貴雙全支成火局而透癸水絕無冲破亦主富貴

夏季庚金　庚金生四月必須水火相濟方發先取壬水次及丙火戊土壬丙戊同透貴顯之命柱多丙火透壬水爲有制富貴之命無壬水便成庸碌命造而且刑妻剋子支中暗藏庚辛名謂支成金局干透丁火主小康無丁火便爲下格

五月庚金正當火政司權先取壬水次及癸水壬出干而支藏癸兼藏庚辛無冲破者穩取功名癸辛透干而無冲剋者必得異路功名總之柱中水滴全無凶多吉少必須土出干頭方免夭壽與孤貧

六月爲三伏生寒之時先取丁火次及甲木丁甲並透富貴之命二者缺一難期發福丁甲俱無者賤命也

秋季庚金　庚金生七月值金神司權先取丁火以煉金次取甲木以助火力見水被制則不發丁甲並透若無刑冲破剋可望直上青雲若行好運大展鵬程總之秋金全賴丁甲相扶缺一卽爲庸碌之命二者皆無賤命也支藏壬癸謂之支成水局須見丁丙相制若有丙無甲愚笨之命

八月庚金值秋金當旺之時先取丁火次取甲丙若得三者同透定然顯貴更逢羊刃不見刑冲此名羊刃架煞乃出將入相之貴命柱中多見丙火干透一丁可得功名總之庚金生七八月缺火不發

九月庚金戊土司權最忌柱中多土埋金宜先取甲木次取壬水甲壬兩透定主貴顯惟須不見己

土絕無刑冲方驗甲透壬藏戌壬藏甲透可取功名有壬無甲主庸碌有甲無壬學問高支成水局干透丙火必以文才名世最忌金旺戊土多絕無甲壬相救藥名謂土厚埋金縱有根基亦難享福也

冬季庚金　冬令庚金非火不旺生於十月者柱中丁甲兩透穩取功名更得支藏丙火淸貴之命丁藏甲透可求異路功名透丙不見丁便爲庸碌之命

十一月水旺天寒先丁火次及甲木丙火若得丁甲透干支藏丙火而無刑剋定卜平步青雲有丁無甲貴從富出有甲無丁庸碌不發透甲藏丁必建武功藏丁透丙異路功名丁甲並透支無丙火起碼功名支藏壬癸成水局柱中絕無丙丁謂之傷官格衣食雖足子息全無

十二月天寒地凍先取丙丁爲尊兼賴甲木以助火力丙丁甲同透不見刑冲破剋必生顯宦之家透丁甲而無丙者主以才名顯透丙不見丁甲者主貴從富出透丙丁而無甲者定能白手成家

△辛金論

春季辛金　生於正月者正當甲木司權先取己土次用壬水己壬兩透支下藏庚者穩取功名透壬水而無己庚者貧賤之命藏甲透己別求異路功名不過皆須無刑冲方驗干透壬庚火局有制貴顯之命

二月辛金壬甲並用二者同透無冲破定卜顯貴干不見土亥支藏壬主小康支下無壬便爲下格

三月辛金先壬後甲壬甲兩透富貴雙全藏甲透壬富人之命藏壬透甲起碼功名壬甲俱無庸碌之徒柱中一派丙丁絕無壬癸相制僧道之命倘得支中暗藏癸水即可解免

夏季辛金　四月丙火司權無水則金被火傷四柱中壬癸兩透絕無刑冲者必然貴顯若僅支藏壬癸及戊己者小康之命壬癸皆無反透火貧苦無

後若得干透甲木。謂之有病得藥。可保衣食無虧。五月丁火司權。辛金須得濕土相護。故取己土壬水爲用。癸爲江河水。其力較弱。不及壬之雨露水也。壬己兩透。支下藏癸。絕無冲破者。必然顯貴。透己無壬。可得異路功名。

辛金生六月。正當土旺之時。專取壬水。兼賴庚金以相輔。壬庚兩透。無刑冲。必然貴顯。干透戊土。若無陽甲相制。庸人之命。倘有甲有庚。木被金剋。亦爲下格。惟干透壬己。有庚無甲者。方爲上命。

秋季辛金　七月秋金當旺。專取壬水爲尊。有時相需甲木戊土。柱中有土無木。謂之有病無藥。雖好命亦難發達。柱中一派金水。若得戊甲同見而無刑冲者。富貴之命。倘見戊無甲。便爲下格。

八月辛金司權。專取壬水。忌見丙丁。柱透一壬。並見甲庚。絕無火氣刑冲者。必然大富大貴。一見丁火。僅足溫飽。戊土疊出。比肩重重。干透一壬者。謂之土厚埋金。庸碌之命。一見甲木。便是有病得藥。

主白手成家。一壬透干。辛金疊見。而無刑冲者。富貴雙全。總之金生秋季。若成金局。且得巳酉丑齊見者。定作大員。

九日戊土司權。先甲後壬。甲壬同透。功名穩取。干透甲木。支藏壬戊。可得異路功名。

冬季辛金　金生陽春時候。先壬次丙，可收水火相濟之功。壬丙同透。絕無刑冲者。謂之金白水清。必得功名。干透壬水。支藏丙火者。小康之命。壬戊同透。衣食足。見壬無戊。主貧賤。

辛金生十一月。癸水當權。切忌戊癸。而喜壬丙。丙丙兩透干支。皆無戊癸者。必然富貴雙全。柱多壬水。兼透戊甲丙者。貴顯之命。柱多壬水。不見丙戊者。寒酸之士。

十二月正當天寒地凍。先丙後壬。丙壬兩透。無刑冲。清貴之命。透丙缺壬。主小康。缺丙透壬。主貧賤。丙壬俱無。秀才命。多丙缺壬而透癸水。若無刑冲破剋。可以商業起家。

△壬水論

春季壬水　正月壬水正當水旺之時。先取庚金相生則流遠。次用戊土以防制。丙火以相濟。柱中庚戊丙齊透不見凶星刑冲者定卜貴顯。干透戊土支內又暗藏多戊。不見刑冲名謂一夫當關。萬人莫敵。必然出將入相。總之正月壬水。不見庚戊便爲下格。

二月壬水先取戊土。次取辛金。戊辛兩透無刑冲。功名穩取。干透庚金支藏戊辛者只富不貴。戊透辛藏。可求異路功名。支藏甲乙成木局。干透庚金者。主得功名。火多透木。又見壬水者。逢羊刃比刼反主富貴。謂之木盛火炎。無水則爲下格。

三月戊土當旺。先甲後庚。甲庚並透無刑傷冲破者。功名穩取。甲透干頭。並見癸水而無刑冲者。必以武功貴顯。支藏一甲。干不透木者。定主大富。總之柱中無甲。主橫暴。不見庚金主愚魯。

夏季壬水　壬水生四月。値丙火司權。專取壬水以相助。次取辛金以相生。壬辛並透無刑冲破剋。功名穩取。柱中癸辛甲同透。可求異路功名。四柱水少火多。謂之棄命從才。必得妻財。倘日干透壬午。年干透壬寅。月時俱爲乙巳。卽是三刑合局。定卜貴極人臣。

五月壬水正値丁火司權。壬水弱極。先取庚金以相生。次取癸水以類助。庚癸同透。穩取功名。四柱者見兩壬夾一庚。絕無刑冲者。必然大貴。

六月壬水己土司權。先辛後甲。辛甲並透。富貴兩全。透甲藏辛。主得軍功。辛壬透干。無刑傷。定然貴顯。

秋季壬水　七月庚金司令。先取戊土。次取丁火。戊丁齊透。無刑傷。必得高官。柱多戊土。不見甲木。庸碌之徒。一見甲木以制土。可得小貴。丁戊兩藏支內。主富中取貴。

壬水日干生八月。正値辛金當旺。專取甲木。時干透甲。絕無刑冲破害。必然貴顯。支見申亥。主小康

九月壬水先取甲木次及戊土甲戊並透透丙多壬四柱中和無病者淸貴之命不見丙戊下格也

冬季壬水　十月正値壬水自旺先取戊土次及庚金戊庚兩透必然淸貴干透戊庚不見甲絕無刑傷破害者主貴顯甲木透干並出戊土相制若無庚金相救貧賤之命

十一月壬水陽刃幫身水氣旺甚先取戊土次用丙火戊丙同透四柱配搭中和者定主富貴透丙無戊主小富十二月壬水正當天寒水凍之時專取丙火次及甲木丙甲齊透無刑害定然貴顯

△癸水論

春季癸水　癸水生正月値丙火當旺之時先取辛金以發水源次用丙火以解水凍辛丙並透名謂陰陽和合柱中不見刑傷破害必然大富大貴倘支藏丙丁成火局便嫌火多水少須透壬水爲救藥方主富貴無壬便成貧苦之命丙藏辛透主貴顯丙透辛藏秀才命若成水局必見丙火主小康無丙便爲下格二月癸水値乙木當旺之時專取庚辛以生水二者齊透不見丁火及刑害者必然顯貴一透一藏起碼功名支內藏庚辛柱中無刑冲主富中得貴庚辛俱無賤命也三月癸水生淸明後者春寒未盡專取丙火生穀雨後者亦取丙而兼以辛甲爲輔辛丙壬齊透不見刑冲在淸明後出生者必然貴顯若穀雨後生者癸辛透干不見刑傷亦主小貴干透甲木支藏辰戌丑未（名曰四庫）主功名顯達

夏季癸水　生於四月者專取辛金爲助無辛不貴次及庚金辛庚透干更見壬水而無刑傷定然貴顯一見丁火便成貧苦賤命支內藏辛絕無丁火相制起碼功名柱中一派火土不見辛金及羊刃雖有己庚難以救藥其人必帶殘疾壬庚同透無刑傷貴顯之命五月丙火當旺專取庚辛以助水庚辛透干更見壬水絕無刑傷破害定然大貴庚辛透干支藏申子辰淸貴之命水少金多富人之

命金水齊透無刑傷富貴雙全六月癸水生於上半月(小暑節後)專取庚辛爲助倘丙丁疊見火多金弱必見比刦方主富貴生於下半月自大暑節後者柱中庚辛並透不見比刦亦可取得功名一見丁火便爲下格

秋季癸水　生於七月者値庚金當旺之時先丁後甲丁甲出干柱無刑傷破害者定主大貴一丁坐午不見刑傷便是獨方格主富貴多男庚辛多而無丁火貧苦之命有丁無甲可取起碼功名八月癸水正値水淸金旺之時先取丙火次取辛金丙辛同透無刑傷定主顯貴辛藏丙透可求仕進九月癸水正値土星司令癸水無形變制專賴辛金相助甲木相佐辛甲齊透支又藏癸柱無刑傷定主貴顯干透甲癸無刑傷定然富貴雙全但見甲癸不見辛只富不貴三者皆無貧賤之命

冬季癸水　十月正當土旺癸水不免受剋帶弱全仗庚辛金氣以發水源庚辛同透四柱不見刑傷者定然貴顯支成木局丁火透丁火寒士之命多壬無戊勞碌之命十一月癸水專取丙火以解水凍次取辛金以相助丙辛同透穩取功名但見丙火不見辛壬及刑傷者亦主顯達有辛無丙便成下格

十二月癸水亦然專取丙火以解凍四柱甲年時透丙更得壬水出干戊土藏支名曰水輔陽克苟無刑傷定官居極品支藏壬癸成水局干透丙火而無刑傷者一生豐衣足食不見丙火便是貧命有丙無壬起碼功名總之三冬癸水一缺丙火終無發達之望也

第六章　吉星凶星起法

△起天乙貴人

訣曰甲戊庚牛羊乙己鼠猴鄉丙丁猪鷄位壬癸兔蛇藏六辛逢馬虎皆是貴人方命中如遇此定作紫薇郎推法十干臨十支皆爲貴人方如甲戊庚遇丑未便爲天乙貴人惟辰戌二宮爲魁罡惡煞之地天

乙不臨不爲貴也

△起天官貴人

訣曰天官遁甲入羊羣乙尋青龍事可陳丙見巳兮爲有貴丁見酉兮戊戌尋己用卯兮庚宜亥辛喜甲兮壬愛寅六癸之人逢見午必作當朝顯達人起法看生年如甲年生地支見未即爲天官貴人若見於時上更佳遇財官印謂之福神相助發福更大若遇惡煞則不吉

△起天德貴人

訣曰正丁二申中三壬四辛同五亥六甲上七癸八寅同九丙十歸乙子巽丑庚逢起法以生月作主如正月生見丁二月生見申三月生見壬四月生見辛以下類推子巽丑庚逢句指十一月十二月而言十一月爲子月生是月者見辰巳十二月爲丑月生是月者見庚皆爲天德貴人主貴顯若逢惡煞刑冲及落空亡之地不爲貴矣

△起太極貴人

訣曰甲乙生人子午中丙丁鷄兔定享通戊己兩干臨四庫（辰戌丑未）庚辛寅卯祿千鍾壬癸巳申多喜美値此應當福氣洪更須貴格相扶助扶遙直上列三公（推法專以生年爲主别干無用）

△起月德貴人

訣曰寅午戌月在丙申子辰月在壬亥卯未月在甲己酉丑月在庚起法從寅上起丙申遂日順數遇而復始惟須於日上見之更有福神相助者吉　寅午戌丙爲和正五九月申子辰壬爲和三七十一月亥卯未甲爲和二六十月己酉丑庚爲和四八十二月命中若逢天月二德爲解救百災不爲害）

△起三奇貴人

訣曰天上三奇甲戊庚地下三奇乙丙丁人中三奇壬癸辛命逢倒亂三奇貴（倒亂言天干不宜前後順挨也）功成名就冠羣英（甲戊庚者以甲爲日以戊爲月以庚爲星既有日月星爲奇須得地支戌亥爲天門方得爲奇無天門或有丑卯酉巳亦不

得爲奇地下三奇乙丙丁者乙爲陰木之魁丙爲陽火之君丁爲陰火之相但須用乙乙爲坤土故也無乙則不吉)

△起福星貴人

甲丙相邀入虎(寅)鄉更逢鼠(丙子)穴最高强戊猴己未丁宜酉乙貴逢牛福祿昌庚趁馬頭辛到己壬騎龍背喜非常此爲有福文星貴遇者宗族也榮光(推法以甲食丙以甲遁木若得丙寅即是福星貴人主貴顯餘倣此)

△起月德合

寅戊戌月在辛申子辰月在丁亥卯未月在巳己酉丑月在乙起法從壬上起辛巳丁乙逐位順數如寅戊戌月在辛丙火與辛合謂之月德合申子辰月在丁壬水與丁合以下二句倣此命中遇之若無刑冲破剋俱主貴顯

△起三元

例如甲子以甲木爲天元子爲地元子中所藏癸水爲人元命中遇之穩取功名

△起十干祿

甲祿在寅乙祿在卯丙戊祿在巳丁巳祿在庚午祿居申辛祿居酉壬祿居亥癸祿居子(祿乃官祿得勢則亨通喜坐生旺之地如甲祿乃東方甲乙之地支辰寅卯配之餘同此例最忌休囚辰戌丑未乃魁罡惡煞祿神不臨凡命中帶祿必得羊刃以衞之方可發福)

△起暗祿

甲祿本在寅如甲生人逢亥寅與亥合乙祿本在卯如乙生人逢戌卯與戌合俱爲暗祿其餘丙丁戊己庚辛壬癸生人倣此例類推(起法先看十干祿再看地支六合　見前即知寅亥相合卯戌相合辰酉相合巳申相合午未相合暗祿一目了然矣命中有暗祿若無刑害冲破必然大貴)

△起名位祿

命中祿帶食神必得貫缺官職故謂之名位祿例如

甲生人見丙寅是甲祿在寅甲食祿在丙（參看後列十干食祿）卽是祿帶食神之名位祿又如乙生人見丁卯是乙祿在卯乙食神在丁亦是名位祿餘倣此類推

△起天祿

命中遇天祿若無刑傷破害主功名顯貴起法如甲年生人見丙甲祿在寅（參看十干祿）甲年遁見丙寅或見丙子丙辰丙午丙申丙戌凡屬六陽支（卽子寅辰午申戌）而配以干丙者俱爲天祿又乙年生人見巳是乙祿在卯乙年遁見己卯或己丑己巳己未己酉己亥凡屬六陰支（卽丑卯巳未酉亥）而配以干乙者亦俱爲天祿以外倣此類推

△起生成祿

起法最易如甲乙生人按十干祿甲祿在寅乙祿在卯八字中若逢甲寅乙卯卽是生成祿又如庚辛生人則庚祿在申辛祿在酉逢庚申辛酉者亦是生成祿惟只有此四位命中遇之官星透干絕無刑傷破害者必作高官

△起金輿祿

十干祿後第二位便是金輿祿如甲祿在寅辰上卽是金輿祿乙祿在卯巳上便是庚祿居申戌上便是餘按十干祿類推此星主富不主貴命中遇之絕無刑害定得妻財

△起朝元祿

例如寅月生人日干或時干透甲甲祿在寅卽是朝元祿又如生於卯月日干或時干見乙乙祿在卯亦是朝元祿名曰朝歸本命柱中不見凶星及刑傷破剋必貴餘照十干祿類推

△起飛祿

例如丙年生人逢子是丙祿在巳丙年遁見癸巳（遁作支中暗藏解）癸祿居子故曰飛祿餘照十干祿倣此類推命中有飛祿不見、傷破害主得異路功名

△起飛騰祿

一名祿馬同科（驛馬與祿星同位）命中遇之大貴。推法如甲申甲子甲辰生人見寅是甲祿在寅。而申子辰驛馬亦居寅。故稱祿馬同科。又如庚寅庚午庚戌生人見申是庚祿在申。而寅午戌驛馬亦在申。亦稱祿馬同科。但只有此六位遇之不見刑傷破害。必然飛黃騰達而大貴。

△起十干食祿

甲食丙。乙食丁。丙食戊。丁食己。戊食庚。己食辛。庚食壬。辛食癸。壬食甲。癸食乙。皆是食祿。食祿即是食神。經云倘逢食神騎祿馬。必然豪富立功名。不食空亡羊刃煞。不食休囚并死絕。食生食旺食貴人。食印食財分優劣。食神制煞不爲禍。故有壽星爵星名。

△起驛馬

申子辰馬在寅。寅午戌馬在申。巳酉丑馬在亥。亥卯未馬在巳。有馬必要鞍與欄。無鞍不能騎。無欄不能止。雖有無用。馬前爲欄。馬後爲鞍。例如馬在寅。丑爲欄。卯爲鞍。必須同見方好。不過尋常少年人遇之主奔波不定。惟貴人遇之主陞官。

△起天赦

春戊寅。夏甲午。秋戊申。冬甲子。日干遇之方得用。能解人災害。

△起魁罡

魁罡有四。即春壬辰。夏庚戌。秋戊戌。冬庚辰是也。必須生日逢之方主發福。惟須運行身旺。一見財官禍患百端。經云魁罡四日最爲先。日位相逢掌大權。（魁罡所臨之地。祿神不降。只富不貴）只掌工商界之大權。倘遇刑冲破害。一貧如洗。無刑冲則衣食無虧。

△起將星

寅午戌生見午字爲將星。申子辰生見子字爲將星。巳酉丑生見酉字爲將星。亥卯未生見卯字爲將星。按此星文臣武將遇之。必然居高位掌大權。

△起三元祿

此爲天元祿。地元祿。人元祿之總稱。天元祿起法用年干五虎遁。順數至命宮得何干。以此中化祿即是。如甲年生人寅上安命。甲己之年丙作首。爲丙寅宮安命。丙火便爲天元祿。此星喜順。則貴顯。若留逆居陷。反吉爲凶。地元祿起法。以年干所管卦氣。逆數至命宮得何干。即以此干屬某。便是。如甲年生人。寅宮安命。以壬申從乾起。從亥上起甲。逆數至寅宮得癸。癸即是地元祿。人元祿起法。亦用年干五虎遁。(五虎遁即是年上起月。詳見前)順數主宮祿得何干。此干若受剋日便是。如甲年寅上安命。用五虎遁。從寅上起丙。順數至己。以木剋己土。木即是人元祿。命中遇此一祿。定然貴而多壽。

△起夾祿

甲生人遇丑卯。甲祿在寅。適居丑卯之中。便是夾祿。又如酉生人遇寅辰。乙祿在卯。適居寅辰之中。其餘倣此類推。命中遇之主貴。

△起五行正印

例如金逢乙丑。木逢癸未。水逢壬辰。火逢甲戌。土逢丙辰。謂之五行正印。命中遇之。空則爲帥。旺則爲僧。

△起十干學堂

庚辛生人見巳。辛巳爲正。甲乙生人得亥。己亥爲正。壬癸生人得申。甲申爲正。丙丁生人得寅。丙寅爲正。戊己生人得申。戊申爲正。是即十干學堂。命中帶之。主以文才顯達。若遇空亡。雖然文才出衆。祇能以教員校長終身。

△起天掃星

推法以日見時爲重。男命犯此星。主剋三妻。甲逢癸未。乙壬午。(甲日生逢癸未時、乙日生逢壬午時)丙人辛巳。丁庚辰。戊愁己卯加時日。己怕戊寅最可嗔。庚人丁丑。辛丙子。壬逢乙卯定遭迍。癸怕申戌爲天掃。時日逢之損六親。金人午未及申鄉。土木龍蛇兔月藏。逢水雞犬及亥月。火延牛尾虎兒郎。

△起地掃星

推法與天掃同。惟以月見日時爲重。女命犯之主剋三夫。

△卦氣定位

卦氣乃天祿之餘。五星所著身命宮値之。一無混雜及刑沖。定然福祿雙全。起法訣曰壬申從乾起。亥乙癸向坤求。申丙午艮上立。寅丁出兌家留。酉戊從坎處覓。子離用己爲頭。午庚居震爲定。卯辛在巽方游巳（推法以年干逆數至日月所臨之宮得何干卽以此干祿宮爲是例。如甲生人太陽在丙以壬甲從乾起從酉上又起甲逆數至酉得丙以丙戌祿在巳巳上爲卦氣。又如乙生人太陰在卯。以乙癸向坤求從申上起乙逆數至卯得庚庚祿居申申卽爲卦氣。

△起帝座

取生時上納音旺處便是。如甲子納音屬金。金旺於酉酉卽是帝座。餘倣此類推。

△起垣城

取日上天干長生便是。如甲日生人。長生在亥。亥卽是垣城。餘倣此類推。此星專主妻宮。倘與馬合。主妻好淫。

△起六甲空亡

一名空中煞。推法、甲子旬中空戌亥。甲戌旬中空申酉。甲申旬中空午未。甲午旬中空辰巳。甲辰旬中空寅卯。甲寅旬中空子丑。謂之六甲空亡。火空則發。水空則脫。金空則響。木空則折。土空則陷。倘空亡更臨寡宿。主孤獨蹭蹬。

△截路空亡

起法以日取時者方是。在年月上者非也。訣曰、甲己申酉最爲愁。乙庚午未不須求。丙辛辰巳何勞問。丁壬寅卯一場空。戊癸子丑君須忌。人生値此總多憂。解曰甲己日見申酉。乙庚日見午未。卽是截路空亡。餘倣此類推。命中犯之。猶如行路阻水。百事不利。

△四大空亡

甲子幷甲午旬中水絕流。甲寅與甲申金氣杳難求。命犯四旬空亡。主聰明短壽。

△十惡四廢

十惡者。如庚戌年見甲辰日。辛亥年見乙巳日。壬寅年見丙申日。癸巳年見丁亥日。甲辰年見戊戌日。乙未年見己丑日。甲戌年見庚辰日。乙亥年見辛巳日。丙寅年見壬申日。丁巳年見癸亥日。均是年支干沖日支干。無祿爲忌。倘有吉神貴氣相扶。反作吉論。
四廢日。春庚申。夏壬子。秋甲寅。冬丙午。此四日爲金水木火囚死之廢日。命中分四季遇之。百事無成。

△天羅地網

辰爲天羅。戌爲地網。又爲魁罡所占。天乙不臨之地。凡火命生人逢戌亥。爲天羅。水命生人逢辰巳。爲地網。乃五行墓絕處。男忌天羅。女忌地網。若加惡煞必至夭亡。
按凶星甚夥。而星命家推算命造。大抵只註明吉星凶星。都不載命書。故從闕論。限於篇幅故也。

第七章　格局舉例

正官格　正官格者。以日干爲主。與月令干支對查。(參看天干陰陽通變表)。有一正官。柱中別無第二正官。方爲入格。多則論煞。不入格。更須時上見正財。方主大貴。只怕五行干支相沖。或見傷官、七煞。或行運年限有沖刑傷煞。皆不吉。喜印綬財星生旺。正官格命造舉例如下。

乙未　乙酉 正官　元甲子　丙寅

癸未　乙卯 正官　戊寅　壬子

甲見辛、乙見庚、丙見癸、丁見壬、戊見乙、己見甲、庚見丁、辛見丙、壬見己、癸見戊。俱爲正官。

偏官格　以日干爲主。與年月時干支對查。見七煞有制。便是偏官格。倘柱中更見偏印偏財。謂之身煞兩停。定主大富大貴。只怕官煞混雜。或制神太多。反吉爲凶。經云。偏官有制化爲權。平步青雲趁少年。六丙生人多亥子。煞星須要木來降。總之偏官格全在生尅得宜。方主貴顯。命造舉例如下。

丙午 丙制 庚金　丙申 偏官　元甲寅　丁卯

辛丑　戊戌 偏官　元壬戌　丙寅(木制戊土)

正財格　以暗藏支中爲入格。直透干者不入格。喜印綬。身旺。忌身弱。官星劫財比肩倒食。八字中若見官星。必待運行財旺生官之地。方能顯達。倘柱中財多身弱。運行財旺之地。必招飛災橫禍。惟日主得三合。或臨生旺之鄉。絕無刑傷忌害。方可發福。正財格命造舉例如下。

壬申
丙午　正財
元甲午正財
壬申

偏財格　時干獨透偏財者方入格。柱中不得再見偏財。不遇羊刃劫財。敗財及沖破。方主富貴雙全。時上偏財忌見羊刃。月上偏財提綱逢羊刃。行財官運。必然白手成家。所惜只富不貴耳。舉例如下。

庚寅
乙酉
元甲子　甲見戊爲時上偏財入格。貴命也。
偏財
戊辰

傷官格　傷官要傷盡。柱中絕無官星。不行官運。方爲貴命。最忌傷之不盡。傷官見官。禍患百端。惟金水傷官不忌見官。喜身旺。忌財星。舉例如下。

壬戌　此命月支中暗藏辛金傷官。柱中
己酉傷官　不露官星。是卽傷官傷盡之大貴
元戊午　命也。
丁巳

食神格　單於月令見食神。方爲正格。倘四柱專見食神。便爲傷官。喜生旺。財星。忌印綬。官煞。倘官煞混雜。或見刑沖破害。爲禍百端。又如戊日干遇庚申時。年月不犯甲丙寅卯。名曰奇食神格。定主富貴。柱中一見甲丙寅卯。卽成遇而不遇之孤悽下格。舉例如下。

己未　此命卽是戊日逢庚申時之奇食神
戊辰　格。
元戊辰

食神庚申
丁酉
丙午食神　此命月支見食神。日支坐財庫。且
元丁丑　得丁火高透。顯貴之命
辛亥
印格　正印即是印綬。喜身旺、官星、七煞。若行官
煞運。定然富貴雙全。命書雖云財能破印。此指印
星弱。日主根輕。一見財星。災害百出。倘印星過旺。
日主有氣。印疊生身。必須坤財方能發福。舉例如
下
乙丑　此爲貴命。惟運入子鄉。見財破印。財
辛巳印　爲妻。故因妻得禍。
元己巳印
庚午
七煞格　只有時上一位見煞方入格。喜身強有制
方主發福。忌身弱無制。定然貧賤。不過制伏太過。
亦難發福。煞輕身輕。須運行身旺之地。方主顯揚

煞輕身強。須行煞旺運。方能發達。喜印綬比肩爲
助。忌有制而逢傷官運。倘遇運入財鄉。禍患百出
矣。舉例如下。
甲申
丙與辛合　丙寅
元乙卯祿
煞辛巳
專祿格　以生日爲主。凡甲寅、乙卯、庚申、辛酉等日
生者。名曰專祿格。男女逢之。皆主一生富足。惟須
柱中不見刑冲破害及官煞（有制者無害）舉
如例下。
壬辰　此命辛酉專祿。戌中暗藏丁火。本
庚戌　爲損祿之病神。幸得辛辰藏戊土
元辛酉專祿　癸水。水能剋火。火病有藥救而去
辛卯　盡。故行癸丑運。功名顯達。
煞印格　日干弱。四柱多煞無制。惟有印綬滋身化

濕。故名煞印格。若見羊刃相助。必爲掌生殺大權之顯官。倘柱中煞旺財旺以破印。禍患百出

日貴格　只有癸卯癸巳丁酉丁亥四日生日干巧逢太乙貴人。便是日貴格。惟晝生人須逢癸卯癸巳日。夜生人惟逢丁酉丁亥之夜。倘日干不見空亡。柱中絕無刑冲。定然大貴。一見刑冲破害。便主貧賤。

福德格　一名五陰格。凡己丑日主。柱中巳酉丑全者。即是福德格。主富貴。忌見刑冲及火鄉官鄉

炎上格　凡丙丁火干。遇巳午未藏火地支。謂之炎上格。主大貴。喜身旺。忌冲破

潤下格　四柱干支俱是水。謂之潤下格。主人淸貴。如壬癸日主。支下申子辰全。或亥子丑全。方入格。忌冲剋及辰戌丑未官鄉

祿格　以日干取月支上官祿。便是建祿格。如甲日干取寅月支（甲祿在寅）。己日干取午月支（己祿在午）十二宮祿照此類推入格。惟須天干五行合時當旺。名曰官祿遇時。定主大貴

壬騎龍背格　以壬辰生日爲主。柱中更見壬辰或壬寅。即爲入格。壬辰多者主貴。壬寅多者主富。辰寅同見。富貴雙全

飛天祿馬格　此格以庚壬二日用子字多。冲午中丁巳爲官星。而柱中更見寅未或戌。得一相合。方主貴

七煞羊刃格　此格乃七煞羊刃並見於四柱。七煞喜制伏。忌身弱。羊刃怕冲。忌入財鄉。壬刃在子。忌行午地。庚刃在酉。忌行卯運。丙日午刃。忌行子運若得身强煞輕。定主大貴

六陰朝陽格　此格必須辛日子時生人。六辛日爲陰。子時爲陽。故名六陰朝陽。子字只可一位。多則不入格。忌見官星七煞。運行西方最吉。北方不利

六乙鼠貴格　此格以六乙日生人逢子時。故名鼠貴。用子字多主貴顯。大忌見午冲子。柱有官星不入格。

棄命從煞格　此格取丙丁巳三日爲火命喜行北方運最忌見根如丙火日干日支中藏有甲木卽爲見根凡運行南方逢根必死如乙日生人見巳酉丑金局盛而無制祇可捨命從之要行殺旺及財鄉方吉

棄命從財格　此格天干透財地支會財身弱無印綬比肩相扶祇可棄命從財忌行火官煞印等鄉財神旺極無依者主人富而剋妻

玄武當權格　此格以壬日生遇寅午戌火局爲財癸日生遇辰戌丑未爲官便見入格蓋玄武屬水限於壬寅壬午壬戌癸丑癸巳癸未等六日生人惟須財官並見局內無冲破方主大貴

專印合官格　此格以六癸日干作主時透庚申合巳申戊土爲官星巳與申合故名專印合官格柱中若見戊巳則混雜壞格若見丙字傷庚發福亦減

天元一氣格　一名鳳凰池格四柱中只有一干一支如四個甲子四個壬寅之類不必論官煞定主大貴

干辰一字格　此格乃四柱天干不雜如四個甲字四個丙字之類喜身旺官星忌刑冲破害此格命造極多不能專論入格當看喜忌冲合等分貴賤也

支辰一字格　此格乃柱中四個地支字純一不雜如四個子字四個寅字之類天干不論純雜不必專泥官煞論休咎但求無刑冲破害定然富貴兩全

欄叉格　井此格取庚子庚申庚辰三日干地支申子辰水局全便爲入格申子辰合成水局庚又能生水猶如井中積水故名井欄叉格又指三個庚字而言

傷官帶煞格　此格取甲乙日干地支寅午戌全者便是喜行旺運忌見財星經二傷官帶煞不跛則嗜必須有制伏方主發福

第八章　婦孺命理

△女命總論

凡推女命或係合婚先看官星（是夫主）之盛衰次及本身之强弱食神生旺（女以食神爲子）早得貴子貴人多合必入娼門正氣官星要得祿有財無殺混官星定嫁封侯快壻無官急要見財星財旺生官主富貴食神祿旺財星透子貴夫榮福澤多財官敗絕食神衰夫榮子愚老來苦財官得祿食神强子貴夫榮雙官誥日時冲辰戌雖作偏房也守寡官食落空亡既妨親夫兼剋子財星帶印隨夫貴戊己重疊常困厄支帶子午卯酉號桃花殺帶桃花貧而淫賤官帶桃花福祿俱全無財旺傷官嫁夫作寡孀梟食會傷官終身無發迹癸日生人見戊官少婦必配白頭郎亥酉藏支性貪淫暗藏官帶偏房寵擇婦須揀純和命若犯地掃剋丈夫

△小兒命總論

小兒命理貴得中和旺財孩提不能任弱則幼小不能當宜以時辰爲主辨其有無關煞撫育之難易自明至於貧富貴賤須過十五歲推論凡日主强財官旺有關無煞日干弱財官少怯弱多病日干弱財官多有關有煞有三合者聚煞難養無刑冲者性急聲洪財官並見富貴之兒僅見偏官尋常之子傷官並帶刼財必生貧賤之家八字三偏全備（命中偏財偏官偏印全見也）定是庶出之子至於看關煞有以一殺爲關一財爲煞者在年時上見之總爲關煞在日上月上見之俱不驗

△小兒關煞表（節錄陳希夷原著）

横推直看	（甲）	（乙）	（丙）	（丁）	（戊）	（己）	（庚）	（辛）	（壬）	（癸）	【註釋】
【干日關】	午	午	申	申	巳	巳	寅	寅	丑亥	亥丑	小兒命犯此關主多吐乳驚風之疾

橫推直看

關	(子)	(丑)	(寅)	(卯)	(辰)	(巳)	(午)	(未)	(申)	(酉)	(戌)	(亥)	【註釋】
【雷公關】	丑	午	子	子	戌	戌	寅	寅	酉	亥			童限犯此關而流年更値天厄卒暴羊刃諸煞主雷火死
【落井關】	巳	子	申	戌	卯	巳	子	申	戌	卯			童限流年遇之主有水厄之災
【閻王關】	申子辰	申子辰	申子辰	申子辰	亥卯未	亥卯未	亥卯未	寅午戌	寅午戌	寅午戌			有七煞相併日干者主弱死
【雞飛關】	巳酉丑	子時	子時	子時	丑巳酉	卯未亥	卯未亥	寅午戌	寅午戌				日生小兒遇之難養夜生無妨
【天狗關】	戌	亥	子	丑	寅	卯	辰	巳	午	未	申	酉	小兒童限犯之主多驚風血光之症
【夜啼關】	未	酉寅	未	未	酉寅	未	未	酉寅	未	未	酉寅	未	小兒犯之主生難治之疾
【天吊關】	巳午	卯子	辰午	午申	巳午	卯子	辰午	午申	巳午	卯子	辰午	午申	犯之主難養遇房可解免
【五鬼關】	辰	卯	寅	丑	子	亥	戌	酉	申	未	午	巳	此是死氣四柱多見主難養
【短命關】	巳	寅	辰	未	巳	寅	辰	未	巳	寅	辰	未	兒命時上犯之主驚叫難養
【鬼門關】	酉午未	酉午未	酉午未	申亥戌	申亥戌	申亥戌	丑寅卯	丑寅卯	丑寅卯	子辰巳	子辰巳	子辰巳	兒命看時辰時上與童限遇之不宜遠行

橫看直推	正月	二月	三月	四月	五月	六月	七月	八月	九月	十月	十一月	十二月	【註釋】
【休庵關】	辰戌丑未	子午卯酉	寅申巳亥	辰戌丑未	子午卯酉	寅申巳亥	辰戌丑未	子午卯酉	寅申巳亥	辰戌丑未	子午卯酉	寅申巳亥	日時全見昔凶有太陽貴人躔宮吉
【湯火關】	午	未	寅	午	未	寅	午	未	寅	午	未	寅	小兒命犯此煞宜防水燙火灼
【斷橋關】	寅	卯	申	丑	戌	酉	辰	巳	午	未	亥	子	此關以月分與生十二時支論犯者難養
【金鎖關】	申	酉	戌	亥	子	丑	申	酉	戌	亥	子	丑	若犯此關忌帶金銀鎖片項圈手鐲
【百日關】	辰戌丑未	寅申巳亥	子午卯酉	辰戌丑未	寅申巳亥	子午卯酉	辰戌丑未	寅申巳亥	子午卯酉	辰戌丑未	寅申巳亥	子午卯酉	若犯此關生後百日內防有病害
【四柱關】	巳亥	辰戌	卯酉	寅申	丑未	子午	巳亥	辰戌	卯酉	寅申	丑未	子午	小兒犯之不宜乘轎遠行
【四季關】	春丑巳			夏辰申			秋未亥			冬寅戌			此關四季生月生日地支論斷犯者夭壽
【浴盆煞】	春辰			夏未			秋戌			冬丑			此煞年月犯之初生宜火盆洗忌用脚盆
【深水關】	春寅申			夏未			秋酉			冬丑			此關童限無忌主破財多憂
【魚脚關】	春亥子			夏卯未			秋寅戌			冬丑辰			忌修造動土觸犯小兒則凶
【卞精關】	春寅酉子			夏戌亥巳			秋申丑			冬酉午			此關忌日時俱犯主小兒難養

關名	春/金	夏/木	秋/水	冬/火	土	註
【水火厄】	春戌未	夏丑辰	秋丑戌	冬辰未		時日俱犯難免水火之厄少壯猶忌
【將軍箭】	春辰戌	夏子卯未	秋丑寅子	冬丑申亥		酉戌辰時帶生帶箭相冲不吉箭全者凶
【白虎關】	金卯	木酉	水午	火子	土午	日干與時支同看犯之帶暗疾難養
【鐵蛇關】	金戌	木辰	水丑寅	火未申	土丑寅	此關忌時日俱犯主多疾厄

△合婚捷訣

男女合婚。不知者只道要費幾許推詳。始得配合準確。殊不知祇須參透箇中三昧。爲凶爲吉。可合與否。便可立斷。蓋合婚之法。專取兩造生年干支。查得八卦九宮數目。例如男命庚午。爲七宮屬艮卦。女命戊辰。爲六宮屬乾卦。合得七六。爲生氣上婚。土金相生。並無刑冲剋害。故配合主吉。餘可照此類推。凡合得生氣天醫福德者。不避刑冲。爲上婚。合得遊魂離魂五鬼者。爲中婚。須有相抵神煞。或不犯神煞。可合。若合得絕命絕體者。爲下婚。不可配合。强合必有災害。

△八卦九宮

坎一　坤二　震三　巽四　中五　乾六　艮七

兌八　離九

下編　風水

第一章　陰宅總論

△風水定義

堪輿家相地何以名之曰風水。蓋看地首重龍。龍卽山脈之氣。氣之來導以水。氣之止限以水。葬者乘生氣也。無風則氣聚。有風則氣散。因此陰宅地理首重得水藏風。故稱風水。水固有吉凶之分。風則更爲陰宅之大忌。縱有眞龍的穴。一經風吹。輕則招損。重則龍穴頓化爲棄地。所以相地不能偏重形勢而忽略理氣。由是知古時堪輿大家特揭風水二字爲標題蓋有深義存乎其間。使後學知所先務也。

△看地入門

初學看風水。先將正五行。三合五行。雙山五行。一一記熟。(諸五行訣見後)次將木火水金四局中之生旺墓養及四大水口。認淸不混。再將羅盤(一名羅經)層層講究明白。(參看羅經用法)使用自如。幷將龍之生旺死絕。穴之陰陽。眞氣。砂之貴賤。得失。水之吉凶進退。皆能分別淸楚。加以實地練習。每到一地。先看龍之生旺死絕。次看水口在何字上。有無高峯。當貴人方位。練習旣熟。然後爲人立向定穴生旺墓養一目了然矣。

△陰宅關鍵

陰宅關鍵有三。卽巒頭。天星。正針縫針。諸家五行。以三者爲陰宅之基本。爰將三者之妙理分論如下。

【巒頭天星】巒頭是山脈之形勢。天星卽星度之方位。有東南西北二十四向。七十二龍。百二十分金。三百六十五纏度之分。此二者爲陰宅之表裏。不可偏廢。以言巒頭。雖屬顯著之形迹。但必先探其來龍。方能驗其脈絡。以言天星。雖屬虛空之方位。似乎渺茫難憑。但有陰陽五行。足以爐冶天地。二者實爲陰宅之體用。

【正針縫針】羅經（即羅盤）爲看風水之唯一祕。寶挨星度。正方位。分金定穴。皆賴乎此。攷羅經製法。於春分日立三尺之臬。測驗日出以正東方。於秋分日立八尺之臬。測驗日入以正西方。更於折中架以十字之繩。準以方矩之尺。測驗南北。於是四方適均。其後又製土圭。以測四方。旋因圭臬所指南向不甚準確。又分立內外二盤。內盤針所指適當子午之正。謂之正針。外盤臬所測。適當壬子丙午兩縫之間。謂之縫針。後之堪輿家有偏執正針爲正者。亦有偏主縫針爲正者。以爲縫針朝向磁極。適當子午。向之騎縫較準於正針。並又造金盤銀盤。三七二七。天盤地盤之說。幾令人莫衷一是。有云正針用格來龍。縫針用定坐向。三七二七用以消納砂水。實則羅經製自聖人。正縫二針相差之點。本於自然之現象。蓋天氣地氣。原本不齊。天之氣在乎子午之中。地之氣在乎壬子丙午之間。是以古時候氣者。於冬至日置黃鍾於壬子之中。於夏至日置林鍾於丙午之中。觀於此而正針縫針之妙用。自可瞭如指掌矣。

【諸家五行】陰宅美惡之奧旨。只在五行中。不過地理五行千變萬化。而山脈形勢。在曲直方圓闊狹之間。各具五行。概其要。惟有測其氣。驗其質。質固一定不易。氣則循環不窮。測驗五行之氣運。自非易事。幸經先賢吳景鸞特立三說。以爲後學楷模。一曰正五行。用以定方位。二曰八卦五行。用以司形局。三曰洪範五行。用以窮山音。此三者。實爲地學之標準。以外更有四經、三合、四生、雙山、元空向上等五行之名。爲用不及吳氏所取三種五行爲準確。茲就吳氏三說申言以明之。（一）正五行。訣曰。東方木。南方火。西方金。北方水。中央土。（二）八卦五行。訣曰、震庚亥未巽辛木。乾甲兌丁巳丑金。坎癸申辰俱屬水。離壬寅戌火爲眞。坤乙艮丙同屬土。八卦五行仔細論。八卦五行用法。以卦名配合干支而論其所屬五行者也。（三）洪範五行。

(又名大五行、宗廟五行)訣曰。甲寅辰巽大江水。戊坎申辛水亦同。震艮巳乙原屬木。離壬丙乙火爲宗。兌丁乾亥金生處。丑癸坤庚未土中。此訣以八卦變通演而伸之。爲二十四位五行變化。較繫於上列二說。至於四柱五行拾棄中宮土。祇以金木水火定四方。四經三合五行者。四經者取地支寅午戌合成火局。巳酉丑合成金局。申子辰合成水局。亥卯未合成木局是也。三合者由生旺墓三方結合而成。四生五行者。取用四長生。甲木長生在亥。丙火長生在寅。庚金長生在巳。壬水長生在申。(以上俱論水羅盤左旋順起)乙木長生在午。丁火長生在酉。辛金長生在子。癸水長生在卯。(以上均論龍羅盤右旋逆起)雙山五行者。兩字同宮。合于支以納音五行作主者也。元宮五行者。全憑水法。以立穴定向。取生入剋入生出剋出分吉凶者也。訣曰。丙丁乙酉原屬火。乾坤卯午金同生。亥癸艮甲是木神。戊庚丑未土爲眞。子寅辰巽辛兼巳申。與壬方是水神。向上五行者。以水口定長生。若非吉水不宜取用。爲救貧之妙訣。有化死爲自旺絕處逢生之妙

△論生氣

好地寅葬卯發。無非乘生氣。蓋陰宅之龍、砂、穴、水、向、猶如人之五臟。必賴生氣始活。由是看地以察生氣爲唯一要旨。凡看原龍之地。先察生氣之來。必有水以導之。審穴之正。先察生氣之聚。必有水以界之。有砂以衞之。無風以散之。此爲識別生氣之總訣。但是乘生氣須得其法。必然發福。苟失其法。反足爲禍。誤葬無生氣之死土。不過終於貧賤。爲禍尚輕。倘得生氣之地。葬乖其法。竟有罹殺身滅族大禍者。古來亂臣賊子。始焉富貴冠全國。其祖若父之墓地。必爲生氣蓬勃之眞龍的穴。祇因葬乖其法。卒至殺身滅族。乘生氣之法有三。一曰取逆避順。二曰審形度勢。三曰細察理氣。一二兩項容易了解。惟察理氣。奧妙難明。試伸言以明之。凡裁穴必先究來山起祖某宿出

出脈行度某星作宗降勢。某龍入穴。由穴至祖。相距節數若干節。候有無純駁。山推退運。水察流行。山運察十里。水運度千尺。必先辨明吉凶。然後審察理氣。分別逆順。辨三方。看十道。避五害。藏八風。（穴之前後左右兩足兩肩之凹風）。龍斜者點穴宜正。龍正者點穴宜斜。於是反氣納骨。後輩自然得福。此乃乘生氣之總訣也。要知生氣之生。非對死字而言。乃生生不息之意也。

△論顛倒

顛倒者逆也。陰宅風水。無往不取逆捨順。例法反氣納骨。以蔭所生。此葬法之取逆也。其他如龍從左來者。穴宜從右點。定龍從右來者。穴宜從左點。定水本動。妙在靜中。山本靜。妙在動處。直來者宜橫受。橫來者宜直受。石山宜取土穴。土山宜取石穴。急者取其緩處。緩者取其急處。突中取其坦處。坦中取其突處。強來取弱。弱來取強。山多處要水。水多處要山。寬處取緊。緊處取寬。剛者取柔。柔者取剛。泉大宜取小泉小宜取大。泉高宜取低。泉低宜取高。硬來則下軟。軟來則下硬。道者扦曲。曲者扦直。正者扦斜。斜者扦正。陽來者陰受。陰來者陽受。凡此種種定例。皆取逆不取順。是卽顛倒之義也。

△論淺深

葬經云。淺深得乘。風水自成。苟得其反。雖牛眠吉地。往往利未見而害先形。反吉爲凶。由是以言。淺深實爲風水上第一要義。至於識別淺深。諸家立說紛紜。有以八卦分陰陽而定者。有以九星分尺寸而定者。（按九星以山形分配而得名。一頭圓身高者曰太陽星。二頭圓而身帶方者曰太陰星。三頭圓而身曲者曰金水星。四身聳者曰紫炁星。又名木星。五三體俱帶方者曰天財星。六頭圓脚尖者曰天罡星。七頭圓帶方而脚直者曰孤曜星。八體尖利者曰燥火星。九體屈曲者曰掃蕩星。以上爲九星之正名。另有九星變格名稱從略）。皆非確論。要之淺深本乎支壟。按郭氏葬經云。支者平地之龍。壟者高山之龍。支直深葬宜淺葬此本郭氏所云藏於涸燥者宜淺藏於坦夷者宜深之說也支以突爲正壠以窩爲正陰來必陽受陽來必陰受蓋陽發於外則淺以乘之陰藏於內則深以取之此乃支壠之分陰陽定淺深之確論但是支壠體段不一土氣各殊南方山脈土薄氣浮者宜淺葬北方山脈土厚氣沈者宜深葬福州地中多水所以俗尚淺葬蓋防水也用是堪輿家不能僅憑死法以卜宅兆必先辨明地土之厚薄審察氣脈之浮沈遇土薄脈浮者宜浮葬於土皮之上另加客土封築成塚不嫌太淺遇土厚脈沈者雖葬於數丈之下不得謂之過深葬經對於淺深之義論之獨詳者不僅爲避石防水計實爲乘生氣耳

△論明堂

明堂乃穴前之地因其爲諸山聚遶衆水朝拱之所彷彿天子之堂故有是名其間有內外明堂亦稱大小明堂內明堂山勢之來紆緩平之結穴左右龍虎環抱得勢近案當前不宜太曠太闊使不能藏風過狹則氣局偪促使不能貴顯務須闊狹適中方圓合格不卑濕不欹側無流泉衝破無惡石內抱方爲完善外明堂山勢之來急迫垂下結穴前案較遠左右龍虎與穴相稱兩邊寬展四山圍繞並見外水遠遠曲折遶來方爲完善經云明堂方廣可容萬馬王侯陵寢雄霸天下其平如砥或如鍋底能容數百人公相基址此論外明堂之宜寬也又云伸手摸着案稅錢千萬貫此論內明堂之宜聚也俗師不明內宜團聚外宜寬之要旨偏執能容萬馬之說概以寬廣爲貴殊不知內明堂寬廣眞氣不融無望發祿龍虎內須有內堂團聚收拾元辰關來內氣外有寬暢外堂羅列遠秀始爲美地總之穴低堂近而又囊聚者葬後初代便發穴高堂遠雖屬眞龍的穴亦難發福祇有眞結者並不拘忌經云穴高明堂遠只要有城轉卽此之謂也至於局勢之大小惟憑龍脈定論來龍百里結作百里規模來龍千里結作千里氣概龍脈短小結局亦小乃屬必然之勢切不可妄貪大局勢

搜水經所載明堂一百八十樣。泄天機載堂氣八十一變格大覺演碎矣。茲節所論雖僅一斑。學者祇須閱看明堂經。當知明堂要平正開暢團聚朝拱者爲吉。陡瀉傾側破碎窒塞而反背者爲凶。明乎此不難觸類旁通矣。

△論官鬼禽曜

官、生於案山背後。要有回頭。不宜太聳照穴。鬼、生於主山背後者就身爲貴。不宜太長截氣。禽、生於水口中者。凡有小山小石均爲盒有情向穴者吉。曜、生於龍肘外者。凡有小山小石峙立。有情於向穴上者吉。此四者爲美地之點綴。無官不貴。無鬼不富。無禽不榮。無曜不久。四者俱無。便是虛花無用之地。

△論十惡大忌

一惡、龍犯刼煞反逆。刼煞者後就過狹處帶惡石纏巖。將龍刼斷。龍行運到此。其家必遭大禍。凡官居極品。忽遭抄家殺身之禍。即祖墓誤犯刼煞之病也。反逆者。主出後輩爲盜爲匪。不忠不孝。而蹈刑章。三惡、穴犯凶砂惡水。凶砂者、穴前之惡巉巖。惡水、水射路射。瀑布大響等。俱主夭壽乏嗣。惡穴犯風吹氣散。穴有凹風不能聚氣。穴左風吹長房絕。穴右風吹小房絕。穴前風吹主孤貧。穴後風吹主夭壽。五惡、砂犯探頭搥胸。探頭山主出淫蕩夜行之子。搥胸與殺同。主剋子傷妻夭壽。六惡、砂犯反背無情。無情者背我反我。情意相乖。主遭凶禍。七惡、水犯冲射反弓。冲射有左右前後之分。主貧窮淫濫。反弓亦有左右前後之別。主後輩夭壽。八惡、水犯黃泉大煞。凡丙午向水出巽己。庚酉向水出坤申。壬子向水出乾亥。甲卯向水出艮寅。皆謂之黃泉大煞。犯之主蕩產絕嗣。九惡、向犯冲生破旺。冲生者冲破九宮水法之養生位。主傷丁絕嗣。破旺者流破九宮水法之帝旺位。主蕩產破家。十惡、向犯閉煞退神。閉煞者水不歸庫。主敗絕。退神者。五不立向。主不發。

第二章　歌訣必讀

△陰宅歌訣（陰宅穴星安坟等歌訣、皆本

廖金精原歌、刪繁就簡、擇要錄之、）

龍穴砂水與堂氣。成自天地用在人。第一要知點穴法。前後左右仔細看。第二要知開塋訣。闊狹淺深依定例。倘然鋤破太極圈。水蟻侵棺骨不安。第三穿坟作堆各有例。淺深大小莫强失。五行相剋便爲凶。必然災禍見重重。第四看水有步數。赴卦必須用天輔。（二十四天星之一、）先量坐下後朱雀。分辨陰陽剖吉凶。第五取路須迂曲。水星合局是要訣。莫臨白虎與黃泉。（白虎黃泉在羅經第三第四層、）若然誤犯禍連連。第六唱形須相像。細看九星無忽略。第七繪圖按法度。紙上玄機便先知。第八課驗宜眞實。莫談怪異使人疑。此是仙翁傳祕旨。廖公演作入式歌。

△穴星歌訣

何以名爲穴。地理同人脈。何以名爲星。天像即地形。龍神落處穴融結。星辰像形定名稱。圓直曲尖方五體。本來祇有五形氣。曲直方尖各帶圓。湊作九星看

（九星名見前淺深論中。）第一要分眞與假。眞分必得山水潮。假則去迢迢。第二要分生與死。藏風得水是爲生。死則氣飄零。第三宜逆不宜順。逆走下山脚。先回順者逐水流。第四取嫩不取老。老是大山毛骨粗。嫩是挨皮膚。穴星更有八般病。有病何勞定斬指。摺痕項下拖。碎是石嵯峨。斷肩有水穿膊。出剖腹腦。長窟折臂飛來左右低。破面涕痕垂陷是脚。跟竄入水。吐舌生尖嘴。蹼是成星終有虧。誤用禍相隨。穴面亦有八般病。有病皆須整。貫頂脈從惱上抽。星峯不見頭。墜足脈從脚下去。靈光無所聚。繃面橫生脈數條。生氣暗中消。飽肚粗如覆箕樣。醜惡那堪相。莫謂立穴太精詳。凶吉此中藏。

△安坟歌訣

安坟地內尋生氣。氣在地中何以辨。但看星辰面。最要得水與藏風。穴向氣中融。第一莫葬去水地。立見退生計。第二莫尋劍脊龍。第三莫覓凹風穴。誤用人丁絕。第四尤忌無案山。第五只怕明堂跌。定破家

業。第六偏憎龍虎飛。更忌童斷石過獨。生凶并消福。一山出面合星辰。有應便爲眞。明堂氣聚龍虎抱。富貴爲人來。點穴更須用心機。確能救人貧。平地星辰同一體。高低即山水安坟。認脈葬其巔。定卜福綿延。星中太極最玄微。於焉生兩儀。陰陽須把脈。分別龍穴自相得。若是動時分四象。脈息窟突狀。脈脊土色暈見是再成形。窟窩在平面。突影見陽龍。（息突忌相逢）脈象開井（金井也）。分四樣。蓋粘[illegible]倚撞。脈緩用蓋急用粘。直倚橫撞。尖息象開井有回數。斬截與弔墜。息短用斬長用截。高息用弔低用墜。窟象開井有四。訣正求并架折。窟狹用正闊用求。深窟用架淺折。收突象開井有四法。挨併與斜插。突單用挨雙用併。正宜用斜偏宜插。金井要訣貴先知。向首宜慎擇。鋤出蘭台。（在圓暈中）便傷龍。尺寸要依天卦取。深淺須憑玉尺量。更求五吉憑卦取。作堆須分五星形。放水依眞訣。取路須曲折。龍格砂形與水城。分部要清楚。羅經指定向何方。須用卦推詳。

△三合五行訣（參看諸家五行）

亥卯未。乾甲丁。貪狠一路行。木局。寅午戌。艮丙辛。位位是廉貞。火局。巳酉丑。巽庚癸。盡是武曲位。金局。申子辰。坤壬乙。文曲從頭出。水局。

△貴人方位訣（爲定向之要訣）

甲山。丑未爲貴人。乙山。子申爲貴人。丙丁山。酉亥爲貴人。壬癸山。卯巳爲貴人。庚辛山。午寅爲貴人。乾山。丑未卯巳爲貴人。坤山。子申卯巳爲貴人。艮山。酉亥爲貴人。巽山。寅午爲貴人。子山。卯巳爲貴人。丑山。寅午卯巳爲貴人。寅山。丑未酉亥爲貴人。卯山。子申爲貴人。辰山。子申卯巳爲貴人。巳山。午寅亥酉爲貴人。午山。亥酉爲貴人。未山。子申亥酉爲貴人。申山。午寅巳卯爲貴人。酉山。午寅爲貴人。戌山。亥酉午寅爲貴人。亥山。丑未卯巳爲貴人。經云。催官貴人祿馬山。起峯主蓐福如雷。安坟定向若能照此取用。貴人發福必然大而且速。

△正祿訣（即十二長生之臨官位）

甲祿在寅乙祿在卯丙祿在巳丁祿在午庚祿在申辛祿在酉壬祿在亥癸祿在子此卽命書上之十干祿凡山形豐滿或尖圓方正者皆爲祿山主發橫財又主食祿萬鍾

△四局馬訣

申子辰馬居寅亥卯未馬在巳寅午戌馬居申巳酉丑馬居亥要知生旺墓養與自生自旺先看本局有馬無馬凡主速發富貴之山名催貴馬本局無馬借馬亦主速發富貴最驗者爲乾離二馬催貴最速借馬法丙借巽爲祿馬場壬借乾爲祿馬鄉庚借坤爲祿馬當甲借艮爲祿馬位

△天馬方位訣

東方震宮爲青驄馬南方離宮爲赤兎馬又爲天馬西方兌宮爲金馬又爲白馬北方坎宮爲烏騅馬乾爲御史馬又爲天馬艮宮爲狀元馬坤宮爲宰相馬巽宮爲撫鞍馬

△九宮訣

生養（卽貪狼星）沐浴（卽文曲）冠帶（卽文昌）臨官（卽武曲）帝旺（卽武曲）衰（卽巨門）病死（卽廉貞）墓（卽破軍）絕胎（卽祿存）

△坟墓興衰訣

富坟下砂重重包裹貴坟文筆尖峯對立貧坟下關空缺不包並少源頭活水白虎頭上起尖峯婦人欺丈夫坟上花開顏色鮮婦女多淫賤望見明堂石土堆後輩眼不明只爲坟樹被藤纏定惹枷鎖禍

△看小地總訣

陰宅吉凶不限於地面之大小只在砂水向穴之間至於看小地方法較簡於看大地凡用小地者大抵屬小康之家不必論龍穴砂水卽平坦之地全無氣脈者亦可取用祇須依法立向不犯死絕及黃泉大煞不犯冲生破旺雖則小地難以開展發旺絕少大富大貴之望自可避去絕嗣破敗之禍倘然稍有氣脈子孫可以永安温飽總之大小地看法雖異取法

則二而一者也。

△看大地總訣

富貴之家。請有名地師選看大地。必選眞龍的穴之牛眼吉地。眞龍的穴之跡象。名地師一目了然。凡見開帳起伏。（參看尋龍法）大小不一。穿帳過峽。曲曲如活脈。出中心。到頭一節。尖圓方正。穴星特起。且得龍虎砂環抱。外山水護衞。禽星下當水口。前案眠弓灣抱。左右前後。無一反背。砂水來龍。遠至千里結作。近至十里結作。地形取象。雖然萬殊。而看大地之祕訣。不外上列諸端也。

△看老坟總訣

老坟者。人家祖若父之舊坟也。偶遇有棺附葬。或添建工程。必倩堪輿家驗看風水。關係更大於看地。不可不審愼從事。其法先看墓之前後左右。次看穴前之大水小水。卽於水口中立一標杆。然後看墓頂中間。置羅盤於穴上。用外盤縫針。看穴前水口交於何處。歸庫與否。再用長線牽開。細看在天干或地支字上幾分。有無觸犯流動及黃泉大煞。有則必須糾正。次看立向生旺與否。次看來龍從何字入首。究是生龍抑死龍。龍水相配合通竅否。均須詳細辨別。次看貴人得位則發貴。不得位則不發。次看生方有無山水。有者人丁旺。若在旺方主發富。天柱山高。主有壽。幷用十二條長繩。週圍一一看遍。對於貴穴富穴。穴煖否。藏風否。前案下砂。一一看遍。然後依法判定吉凶。從何方附葬。庶無遺害。

富貴家之舊基。往往於穴之前後。遍築圍牆。無非爲壯觀瞻起見。殊不知龍以生動活潑爲貴。一築牆垣。龍身受困。氣脈阻塞。名曰困龍。縱有興旺之氣。亦不發矣。甚至反吉爲凶。猝起大禍。受此害者。所見不鮮。可不愼乎。

第三章　論龍

△尋龍祕訣

龍是山脈。山脈何以龍名。因其跡象彷彿也。蓋眞龍忽隱忽現。忽大忽小。山脈亦然。忽起忽伏。忽高忽低遠則迤延千里。近則迤延數里。地師尋龍先尋祖與宗。計分太祖太宗少祖少宗。以至父母。（皆指龍脈而言。去穴近者。所關禍福亦近。去穴遠者。所關禍福亦遠。故而論祖只自少祖始。捨棄其遠祖。凡龍氣長則福澤亦長。龍氣短則福澤亦短。在高山之龍當看起伏。其在平地。則看收歛。至於一望平洋。見有水流不過處。即是龍脊。亦必有高平之阜為祖宗。此為龍法之要旨。龍有直龍、橫龍、騎龍、迴龍之別。龍之貴賤成因於來龍之祖山。辨龍之貴賤。固然形氣並重。尋龍先識行止來去與分合。龍若出動必有自然之來勢。必有分水以導之。龍若停止。亦必有自然之水以界之。有合無分。則其來不明。有分無合。則其止不真。細辨水之分合。即識龍之起止。凡見山勢秀拔獨尊者。大抵為火星所結成。此處於中心出脈。起伏開帳。謂之辭樓下殿。其勢忽高忽低而有序。其下則重重穿帳過峽。（帳者旁起兩肩、形如幃幙、峽者龍之真情發現處、）剝換愈多。方能自老變嫩。自粗變細。有

凶變吉。此為龍脈造化之妙用。但是穿帳過峽二者各異。以言穿帳。為龍脈伏而即起。形迹甚微。兩旁偶有遮護。亦僅之避風吹而已。苟非著名地師。往往忽略不見。至於過峽。乃龍脈真形發現處。尋龍者必須特別留心。龍峽名目甚夥。茲舉其最要者。當推蜂腰鶴膝為最真。餘則有穿田過。渡水過等十數種名稱。峽名雖多。而峽之形迹。總以活動秀麗細短為美。散漫臃腫。偏枯粗直為惡。又忌穿鑿損壞。風吹水刼。又須外山來扶。各種貴器相護。如旗鼓劍印。日月圭笏等。要知穿帳為龍之曲折脫卸。轉折之字向不一。而過峽之字向。須與出脈結穴及入首處之字向相同。要知開帳。（一作幃）穿心。為少有之貴格。所以不多見。或僅見二三節。非常難尋。善看地之堪輿家。祇求龍真脈的、便為吉地。不必定求開帳穿心也。至於過峽。為龍脈真情發現處。所以真龍必有美峽。美峽必結貴地。因是尋龍。當以識別過峽為先。既識峽之美惡。則龍脈之吉凶。融結之真偽。皆可類推而知矣。

△論龍入首

龍脈來自數千數百數十里。若欲識別其美惡與龍格。祇須看入首穴後二三節內。葬經云。未論來龍千里。且看到頭融結。但是立論不妨扼要。先提尋龍。終須順次。審察看法。先察龍勢。貴有起伏。頭面端正。枝脚隨身。並有台唇。帳蓋。盧鞭。王字。展翅飛蛾等諸貴格。且有倉庫旗鼓。笏印文筆。天馬貴人文。官武庫諸形以夾送之。如此則結作眞。發福必然厚大。倘少祖及近穴節內。並無吉星。反見懶緩怯弱。粗惡直長。散亂尖利。而成鬼刦。縱使龍虎明堂件件皆美。不足憑也。是故到頭近穴處。龍既不好。遠處有好龍。必然別有結作。當另覓正龍受穴之山。是故尋龍。必於入首近穴數節內。仔細審察。若論龍之入首。計有五格。即直、橫、回、飛、潛是也。廖金精論龍入首訣云。直龍撞背來。中出要徘徊。橫龍從側落。逆轉須磅礴。回龍曲翻身。顧祖要逡巡。飛龍結上聚。昂首眞奇異。潛龍落平洋。撒脈自悠揚。此言入首五格之形勢。至於吉凶美惡。當依尋龍法仔細審察。不可拘泥五格形勢以求。五格中推直龍爲第一。由撞臂入首。次對來脈而結穴。氣勢雄厚。發福最快。回龍入首。乃翻身顧主而結穴。須宛轉而有朝山。飛龍入首。乃聚仰而結穴。須四應皆高聳。水多者須交牙關鎖。橫龍乃橫脈入首而結穴。不論來自何方。須穴後有樂山鬼星。潛龍入首。乃龍氣撒落平地而結穴。須要平中有凹或開鉗口。來勢環繞。方爲眞結。

△論龍眞假

龍脈有眞假。倘然以假作眞。則差以毫厘。謬以千里。因是堪輿家尋覓龍脈。務必愼之又愼。就恐以僞亂眞耳。要知眞龍脈祖宗。逈異。出身活動。入首結穴處。必有貴器拱托。開帳穿心。必有橈棹枝脚。起伏頓跌。及剝換傳變。過峽束脈。必有屈曲奔走之形勢。入首處穴情清楚。明堂平正。前案有托。水口有情。衆美天生。絕無勉強。方爲眞龍。假龍亦有祖宗、開帳、星峯、枝脚。亦有起伏、傳變、屈曲、過峽之勢。甚至入首處。亦有明堂及龍虎環抱朝樂奇峯相托。(穴前之峯曰朝山、穴後之峯曰樂山)。所以力足以亂眞龍而混淆俗眼。一入名地師之目眞假立別。蓋眞龍所具衆美。件件合法而自然。假龍雖具祖宗而出脈不是强硬突露。定是峻嶒帶殺。雖然亦有開帳而脈不穿心。有穿心則絕無迎送。雖亦有星峯挺秀。終覺偏斜無蓋從。孤削無枝葉。雖亦有橈棹枝脚。不是反逆帶殺。定是兩臂不均。雖亦有過峽。必然水刼風吹。全無遮護。雖亦有剝變而愈剝愈粗。雖亦有屈曲奔走之勢。終覺護從不周。至於入首之際。必然穴情模糊。或則有乳而直硬臃腫。或有窟而深曠空亡。名地師之辨龍眞假。大抵從入首處着眼。自能一目了然矣。總而言之。龍既不眞。其本已失。所融結之假格。自然不足觀矣。間亦有占成文筆插天堂局合法。猶如木人穿眞衣冠。亦不能活動也。此等假龍。大抵爲大龍作應護或爲正龍作關峽。或則結作岩石礦石。或則變爲湯泉醴井。或則假爲結穴。眞龍作侍衛朝案而已。凡作侍衛之假龍。稍得眞龍之氣脈。故爾行度亦頗可觀。但至入首結穴必然破敗百出。所以辨別眞龍假龍祇須於入首數節內細察之。凡近穴數節合格者。決爲眞龍。近穴數節內絕無格局而多破敗者。決爲假龍。更有一端。假龍必無穴。眞龍必有穴。此爲辨別眞假之第一要旨。

△論龍行上

尋龍第一要識龍之行、止。未止之龍。謂之行龍。又曰過龍。例不可尋穴。經云、山吉斜飛。水不停。不是眞龍結穴處。因是辨別龍之行止。實爲看地定穴第一要義。凡見山勢奔走不停。水勢峻惡不環。羅城不衛。門戶洞開。皆爲龍行之特徵。縱有奇巧形穴發現其間實非的穴。切不可誤取以定穴。至於龍脈止息處。必有玄武結頂。下手山則自逆水回頭。隨從山自左、右齊止。前朝山是遠止於穴前而呈拜伏之勢。龍經云、止之中有大止者。諸山諸水皆無不止。尋龍遇見山水大會處。必有眞龍融結。在大地眞龍止聚處。水口間必有巖石挺然朝入。名曰北辰。幷有華表。（指山石而言）對峙。禽曜諸星（注見前官鬼禽曜）等羅列。堂局廣而水口內寬外狹。方是大地眞龍結穴處。倘見山水似乎團聚。而門戶不關。縱有小結。作終屬衰敗之地。不可誤用。總之審龍行止。當於水口間驗之。最易辨識也。

△龍法總結

龍法中更有龍之剝換。剝換即是變化。蓋龍形必經剝換。猶加黃鳥之脫毛。方能自老變嫩。自粗變細。自凶變吉。乃屬龍脈造化之妙用。上文已屢經論及之矣。以外有論龍枝脚橈棹。皆屬龍之分氣。有枝則可生發。有脚則可活動。橈即船棹。即槳。有橈棹則可穿田渡水。至於形體各以類從。凡長遠之龍。枝脚橈棹亦長遠。短小之龍。枝脚橈棹亦短小。形態隨龍身而百變。所以不能單獨發旺。當依龍身而分貴賤也。其次有論龍駐蹕。即是龍之止棲處。有大小之別。大駐蹕延袤數百里。跨州連郡。數百枝分龍於此發。輒小駐蹕不過數里。然亦有數十源水。數十枝龍從此分去也。無論駐蹕之大小。必有羣峯攢聚。實爲龍之太祖。尋龍遇駐蹕山。當辨別其係正龍分派。抑從龍分派。別前去結作之美惡貴賤吉凶。歷歷在目矣。又其次論龍之背面。背面者有情無情之分也。龍之正面猶如人面。自然光彩秀媚。是處自可覓地安坟。至於龍之背面。大抵巉巖破碎。猶如人背。當然無情無光彩。看地者不必着目。祇須分淸龍之正面背面耳。以外更有論龍之長短、護從、旁正、老嫩、賓主、餘氣、分擘等。皆屬不甚緊要。槪從闕論。惟龍勢龍格。看地者不可不知。伸言以明之。

【龍勢】龍以成形而分三勢。一曰山壠之勢。二曰平岡之勢。三曰平地之勢。以言山壠之勢。葬經云若伏若運。其原自天。若水之波。若馬之馳。其龍要有踴躍奔騰之勢。以言平岡之勢。葬經云活動宛轉。猶如生蛇出洞。其龍要有逶迤屈曲之勢。以言平地之勢。葬經云地有吉地。隨土而起。其龍要有廣闊牽連之勢。

【龍格】龍之格局諸家立說紛紜。當推廖氏所分生、強、順、進、（爲四吉格）死、弱、退、逆、（爲四凶格）八格。最爲精括。餘如明山寶鑑分生死枉福鬼刼應游死揖病絕十二格之名。分格過多。幾令地師無從捉摸。以外更有毒龍、杜龍、傷龍、蛀龍之名。實則不外病殺逆三字之義。下此更有胎息龍、及闘龍、樞龍、衡龍、機龍、等種種怪名稱。立名雖多。按其形勢與理氣。大同小異。由是名地師都以廖氏八格爲主。足以概括諸家雜說而無遺。茲將各格龍勢列後。

生龍必須星峯磊落。行度擺拽者。方入格。強龍必須枝脚撐拏。體格雄偉者。方入格。順龍必須穴峯順出。行度團聚者。方入格。進龍必須枝脚均勻。龍身節節高起。方入格。死龍峯巒模糊。龍身直硬。無起伏。弱龍星峯瘦削。枝脚短小。本體賴弱。退龍星辰失次。行度退後。逆龍星峯側峙。枝節逆趨。以上爲廖氏四吉四凶格之龍勢也。餘如所謂枉龍、游龍、蛀龍、敗龍、孤龍、形勢雖有異同。不外空枯散漫。均與弱龍仿彿。毒龍、闘龍之形勢。與逆龍仿彿。鬼龍分枝擘脈。全似刼龍。絕龍。風吹水刼。卽是死龍。毒龍猶如逆龍。狂龍卽是退龍。傷龍卽是病龍。衡龍卽是強龍。樞龍卽是進龍。機龍卽是順龍。胎息龍卽是生龍。奴龍卽是從龍。觀於此。則廖氏所定八格。足以概括諸家所定雜格而有餘矣。

第四章　穴法撮要

△論穴形

穴者何。葬口也。其成也。由乎天造地設。猶如人身之穴道。龍脈來自千里百里數里。不論遠近。至結穴處。自然生成的穴。龍虎明堂羅城水口。自然相應合法。砂水亦自然相副。此爲造化天然之妙。用眞龍自成的穴。絲毫不能勉強。龍經云。龍若眞兮穴便眞。龍不眞兮少眞穴。辨穴首重審察龍脈。有龍無穴之地。古來堪輿家都捨棄不用。蓋龍眞必結穴。無穴便是假龍。至於眞龍結穴之原理。乃秉陰陽。秉生氣。化凹凸。而成窩鉗乳突之穴形。此爲正傳穴法之定論。若論穴形。俗地師謬說紛紜。謂有三十六形。八十一變。三百六十五體。如是複雜。鮮有不被其眩惑者。實則眞龍結穴。不可以百物像形。惟楊氏（名筠松）所定窩鉗乳突四格。實爲簡括之定論。窩形穴居四格之首。凡左右兩掬交會者。名曰藏口窩穴。一名開口穴。葬經云。形如燕窠。法葬其凹。胙土、分茅、可知此穴發貴最大。以外更有鷄窠、金盤、銅鑼、掌心、鍋底、旋螺等名。稱實則祇分深淺闊狹四格耳。四格各有俯仰之不同。各以左右均勻爲正格。不均勻爲變格、左右交會者爲藏口。不交會者爲張口。且須審辨眞假。眞者弦稜伶俐。兩掬灣環。窩內衝融。是爲吉穴。倘落槽偏陷。懶坦空亡。便是假窩。總之窩穴須有微乳微突。窩內圓淨。弦稜明白。方爲合格。二爲鉗形穴。又稱開脚穴。高山平地都有見之。凡直鉗、曲鉗、長鉗、短鉗、謂之正格。仙宮、單提、疊指、邊直、邊曲等爲變格。凡遇鉗中

微有乳者。當就乳頭扦穴。惟須頂頭圓正。左右界水分明。最忌乳頭粗硬。左右折陷。鉗中微有窩者宜就窩心扦穴。以頂上端圓。鉗中藏聚爲吉。切忌兩脚拖拽。上偏下浮。外無攔截。便是虛鉗。不可用。鉗穴之名雖多。取形不外乎上列諸說。三爲乳形穴。百穴星開兩臂。乳生中央者也。廖氏稱謂懸乳穴。高山平地都有之。計有大乳、小乳、長乳、短乳、爲正格。雙垂乳。單垂乳（爲變格）等六格之分。此穴最忌缺露凹折。須有兩臂抱衞。一乳正中。絕無欹側、長硬粗峻之病。方爲合格。六格乳形雖然各不相同。要而言之。大者無粗頑懶坦之嫌。小者無力弱氣微之病。長者不見飽肚臃脚之弊。短者不類覆箕頓鐘之形。方爲入格。乳穴四爲突形穴。一名泡穴。形如覆釜。計分四格。大突、小突爲正格。雙突、三突爲變格。四格雖有俯仰之不同。要而言之。高山突穴要藏風。孤露受風。生氣散。平洋突穴要界水。水勢注聚或遶抱。四面平坦無遮攔。雖受風吹不爲害。雙突格穴星並起。謂之雙星。兩傍生

脚牙歧者。謂之麒麟。皆可下兩穴。惟須大小高低肥瘦相等。突面周正者。爲合格。三突格穴星並起。三突謂之三台。可下三穴。惟須三突大小相等者。爲入格。否則選擇其美者。以外穴形甚夥。不遑枚舉。總之都從窩鉗乳突中脫胎而來。苟能明辨窩鉗乳突四格之形體吉凶。其餘諸穴之美惡。皆可類推而知矣。

△論穴星

穴星不是天上生。乃是入首之山形。成何星體。要分明。方是眞龍融結處。諸家論穴星。以五星爲正體。九曜爲變體。實則五行卽五行。五行之變。已不可勝形。何必再取九曜。徒滋紛擾。予故專論五星。並採廖氏說。以定穴星三格。試分別言之。金星開窩扦取水。無窩挂角用水泡。若是窩角不分明。硬面禍來侵。木星有節節中取。無節鍬皮軟處扦。直木開口却爲奇。陰穴定無疑。火星結穴須取土。入穴原來要木乳。無土難扦尖盡處。剪法方爲是。水星不宜下。水穴誤下人丁漸消滅。好從金頂尋根源。應出子孫賢。土星不宜重見土。作穴須尋腹裏金。忽而閃歸角裏落。流金方可作。觀此可以知五星政體之結穴矣。主於廖氏穴星三格。卽正體側腦平面是也。正體穴星頭面端正。融星象之正形。鍾五行之正氣。倘然龍合上格。星體結作清秀。必發大貴。若是龍非正格。亦主小貴巨富。側腦星辰頭腦偏斜。形體欹側。惟好閃巧藏奇。必以樂山爲托。倘然龍合上格。定然貴有威權。若是星體麤濁。則主慳吝。濁富。平面星體平夷。高低雖有不同。力量原無二致。倘然星體淸秀。定主富貴。若是麤濁而龍格不明。僅主濁富。

△論穴證

點穴。先尋穴證。凡眞龍結穴處。必有明顯之佐證。在穴前者。則爲朝山。美明堂。正水勢。旺三者當推朝山爲最要。穴前之山曰朝。以近案有情爲主。朝山高則穴宜高。朝山低則穴宜低。朝山近。恐被凌壓。穴宜上聚。朝山低。恐防氣散。就下沙尋穴。明堂有小中大之別。小明堂在圓暈下。若見平正可容人側臥。若方是眞穴中明堂在龍虎之間要取其交會大明堂在案山前立穴要向融聚處水勢凡有眞龍結穴處必有潮源水合聚交會以上爲穴前之佐證在穴後者要樂山峙鬼星撐龍虎有情拱夾在穴下者唇氈要平正在四旁者要十道全界水分明以上爲眞龍的穴之佐證苟能於此明辨而審察之點穴必無錯誤矣至於穴忌只在形氣之間蓋看地取形勢葬者乘生氣氣囿於形故點穴必先因形察則穴之十五忌自能曉然矣何謂十五忌卽粗惡巉急單寒臃腫凹凸笑露瘦削破面虛耗瘡頭散漫尖細幽冷蕩軟頑硬等是也要而言之十五忌皆就形論氣所當注意者來龍有高山平地之分看法因之各異十五忌泰半屬諸高山惟幽冷散漫蕩軟等平洋之地居多總之不論高山平地苟犯一忌卽爲絕地誤用之輕則主貧賤重則人丁滅絕禍患百端可不愼乎

△點穴歌訣

古來堪輿大家咸稱尋龍容易點穴難葬經亦云三年尋龍十年點穴其理安在蓋尋龍爲未成之局可以任意選擇點穴爲已成之局一經點定其家之興衰成敗係也可不愼乎至於點穴法因勢而異爰是將古人點穴歌訣錄下訣曰山昂穴窄高處點四面平和低處扦砂局均勻中正作邊寬邊緊穴當偏水斜山亂窩中隱樂空下短定翻身有來有去尋結穴山窮水盡向腰尋四圍高逼穴易壓嶺上尋蹤爲最宜四邊低曠穴恐露麓下留情窩藏好左高壓穴宜尋右右高壓穴宜尋左前逼穴宜向後扦後逼穴宜趨前點或近壓而遠秀或內卸而外收穴須高取而論過圍或遠粗而近秀或外窄而內寬法須低藏而求窩聚四畔圍彎宜識穿弓架箭衆山粗雜須知移步換形（蓋言粗中求秀雜中求淸也）山水兩佳局罕有官祿兩就法須知山不如水之有情祿當就則就之水不如山之秀拱官當迎則近之來脈若天然休貪朝穿而誤轉（此言貪朝失穴之病）過水如弓反喜得砂蔽以深藏衆大一細取其室女坐閨

中而不露。衆細一特。取其鶴立在雞羣而自奇。坐忌空不忌短。此係常理。豈可執翻身回結之局。山直來。穴橫受。多犯衆忌。彼烏知脫龍就局之權。勢逆砂順。誰識離鄉撒取貴。水朝砂抱。須知此地好救貪。諸脈亂出有跌斷者是眞龍。三山齊來。緊縮藏者可尋穴。山水之變態不一。咫尺之轉換頓異。低視醜者忽焉高視美。左視妍者忽焉右視媸。秀氣在下點高則誤。情意偏右扦左則虧。此是仙傳眞祕訣。明此點穴永無差。

△四落四勢

【四落】立穴先須分四落。初未腰分皆可作。初落由來近祖山。局勢必須完。腰落餘枝作城郭。吉氣於斯泊。水落名爲大盡龍。起勢最豪雄。（大盡龍處定然、水走、砂飛、必要有下砂關鎖、）分落後龍擘脈去。貫串還可取。審察結局要精微。須求穴的分明。合結。局形勢不一。直來而撞背者名順結。順來而斜出者名閃結。正來而側落者名橫結。或翻身而顧祖。或轉向以當朝。或倒騎龍之類。俱是逆結。此爲四落中之四穴。

【四勢】教君點穴詳四勢。勢中首取羅城密。羅城倒有內外分。穴場定名內羅城。緊小週密有城郭。外羅城兮不苟。求高低偏正天然勢。大小聚散任君裁。前後左右分四勢。詳前觀後防空曠。吹胸刼背爲大忌。左顧右盼忌凹缺。又忌剷耳與射肩。來短去長少眞結。石粗水響無眞氣。水繞山聚須有情。奇形怪穴無所忌。按怪穴亦有眞假。眞者其形雖醜。穴中必有五色土。必有眞龍眞案眞潮對眞貴人。逆砂水。故葬經云。砂證明堂水證穴。眞龍眞案證怪穴。學地理者不可不知也。

△富貴貧賤

十個富穴九個窩。其形恍如一煖閣。八方凹風都不見。金城水遶眠弓案。十個貴穴九個高。氣度軒昂壓百僚。旗鼓貴人分左右。諸般貴格一齊全。十個貧穴九無關。砂水飛直不灣環。頭卸斜飛龍虎反。淋頭割脚受風寒。十個賤穴九反弓。桃花射腦直相冲。尤防離兌與巽位。砂水反背穢家聲。

第五章　砂法撮要

△看砂秘訣

砂者何。穴之前後左右山也。謝氏云。高大者爲山。低小者爲砂。非確論也。總之眞龍融結處。自有諸砂拱應。至於看砂秘訣。先認星體爲主。次別砂爲富貴賤三等。肥而圓正者主富。大而秀麗者。立貴。斜而臃腫者主賤。兼須認明形體是屬何星。方知其富貴大小與窮通得失。分別星體吉凶。以五行爲主。如火星體尖而利。稍帶欹側。其焰欲動。方是正火體。名曰廉貞。又稱燥火。其焰不動。兩峯並出者。名曰雙荐砂。名文筆。此等星體若居正印。定出宰輔三公。如木星體圓而直。身聳屹立者。爲正木體。名曰貪狼。又稱紫氣砂。名貴人。此等星體若然冲霄入雲。定出狀元宰相。又如金星體高而圓者。爲金之正體。名曰太陽。又稱左輔。砂名大武。金獻天金。雲中金。諸星中惟此金星爲最多。其形亦變化不一。方而帶圓者名右弼。又名太陰。砂名主釜。低而長者名蛾眉。曲而帶圓者武名曲。又名金水。砂名三台。尖起者爲華蓋。圓起者爲寶蓋。兩翅下垂者爲飛鳳。糊而小者爲席帽。頭身圓正者。亦金之正體。砂名覆鐘。此等金星若有一二峯起。或遠峯列笏居正印者。定出台省官貴。又如土星體圓而方者。正體也。名曰巨門。又稱天財。砂名御屏。低者名御書台。窩內有包者爲藏金。兩頭高低者名天馬。若此星高聳。居正印者主大富小貴。六丁大旺。又如水星勢如生蛇。或如波浪者。正水體也。名曰清奇。又稱掘曲。砂名文曲。若此星體上高下低而居正印者。定出聰敏清秀之士。以上爲五星之正體。更有變體形態不一。祇須列水口居正位。拱應合宜者。亦皆有益。至於看五星砂體。亦分高中低三等。凡高入雲霄之砂。力最大爲第一等。定主出將入相。端圓方正。高十數丈者。爲中等之砂。力稍次。主應小貴富厚。乳峯低小。砂高數丈者。爲下等砂。其力又次。主應丁財兩旺。以上皆言高山龍之結地。至於平岡龍結地。其砂高逾五六丈以上者所應凶吉。亦以高山爲準。更有平洋龍結地。若得前後左右有砂高逾數丈者。亦作高山論。所應富貴更大更悠久。蓋平洋龍結地以低砂爲主。若得形如平岡之砂。更加有力。平岡龍結地而得高山之砂。發福更厚。三者若得其反。有砂等於無砂矣。總之龍與砂須兩相配合。砂好龍亦好。砂喜開面有情。向我勢親。實爲我用。全在消納工夫。若然反背無情。雖有何益哉。

△辨砂方位

消砂必須辨方定位。細觀大小高低形勢。親左親右。斷之。則準如壬砂高在前。乾砂低在後。作土局。壬爲生砂。在前乾爲煞砂。在後。在前者先到。則近在後者後到。財遠爲生。內煞外生。高煞低生。四局依此推詳。如坤低在前。午高在後。作金局。爲奴小先到在內煞。大後到在外。作木局爲旺。小先到在內洩。大後到在外爲水局。爲洩小先到在內奴。大後到在外。作火局。爲生。小先到在內旺。大後到在外。作土局。爲煞。小先到在內生。大後到在外（大小皆指局而言）。欲知砂之五行格局。祇須將先後遠近大小高低相較。則二十四山砂沙自能瞭如指掌矣

△論砂貴賤（下列各砂以所居干支卦位定名）

【乾砂】乾峯冲天秀入雲。龍頭獨步黃金門。若見低圓小而麗。定主功名成富豪。

【坤砂】坤峯端立正如圭。定卜功名奪占魁。形似旗旄將軍做。乳峯低小郡衙官。

【艮砂】艮峯如筆到三台。一峯獨秀魁多士。若見高低與大小。便於此中分消息。

【巽砂】一峯秀出二登科（兄弟同科也）。陡起凌雲出經界。參軍司戶小峯巒。低圓方正僅主富。

【震砂】震庚二峯入雲表。英雄將相掌軍權。亥峯高照出武將。乾巽齊拱生文官。

【坎砂】坎峯冲天高入雲。秀麗獨步黃金門。艮峯

如筆到三台。丙午丁方對照來。
【離砂】離峯獨出當星馬。(參看四局馬訣)丙丁二峯起無價、午方砂水若朝穴。(干支方位皆從羅經所定)龍虎抱衞出公卿。
【兌砂】巽峯相照到雲霄。辛峯相輔同友僚。更兼酉峯山拱抱定為武將立功高
【亥砂】己亥山高似插旗。寅甲夾照富貴齊。卯酉巽艮四龍結富主。百萬更有餘。倘遇離龍來結局。傾家蕩產絕人丁。
【壬砂】疊疊壬砂見坎方。陽龍陽向兒孫昌。(喜得午水壬水來朝、更得午砂高聳、必然發貴)切忌亥峯高照穴。鼓盆之戚剋妻房
【癸砂】子午卯酉喜相逢。甲庚丙寅是為尊。以卯諸方都相忌。又忌生於沐浴方
【丑砂】乙辛二峯高且圓。丑未主富艮震貴。四金朝流並坐山。定出痼疾與游蕩
【寅砂】寅甲峯高勢力雄。尖秀肥員出三公。

【甲砂】甲峯甲龍出富貴。坤砂如筆狀元生。巽山雙朝宰相位。印居寅申出師巫
【巳砂】四維峯高聳起。八將朝來真可喜。
【辰砂】丁峯高卓癸山尖(多壽)坤艮二峯相夾輔。(主富貴)酉龍見之出瘖啞缺唇露齒含糊聲
【己砂】己砂如筆似火星。能文能武產賢英。
【丙砂】巽峯高卓丙水朝。定主貴顯長壽考。丙與丁方三砂拱。亦主食祿在朝中
【丁砂】四維八將丙丁水。射策金門朝第一。丙丁正配得亥艮富貴雙全福壽長
【未砂】辰戌丑未四高峯。翰林進士狀元公。陽龍無我難作勢。陰龍欠我少祖宗
【申砂】申峯高卓入雲霄。玉堂金馬顯文章。
【庚砂】兜鍪劍戟出庚兌。將軍威武鎮邊關
【辛砂】巽辛二砂如文筆。曜氣高騰功名顯。
【戌砂】辰戌砂高雙照穴。富貴雙全誇市朝

除上列干支卦位諸砂外更有朝樂龍虎羅城侍衛水口諸砂分論如下

【朝樂砂】　朝砂爲穴前之山故又名朝山遠而高者曰朝如百僚朝覲之義近而小者曰案如貴人據案之義凡近案遠朝兩備之地必發富貴蓋有近案則穴前收拾周密明堂無散氣之虞有遠朝則局勢宏大無窒塞逼窄之患樂砂爲穴後襯托之山故又名樂山凡擯背來龍結穴及穴星高起者不必樂山而橫龍穴及沒骨凹腦側腦等穴必要有樂山貼蓋應托帳於後方爲眞切凡眞龍的穴朝案樂三山俱全且必有情得勢

【龍虎砂】　龍虎爲穴左右兩臂之別稱穴要藏風聚氣故必有龍虎二砂以衞之則穴地周密生氣融聚其砂自本身左右發出者爲上兩旁之山生成環抱爲龍虎者次半自本身發出半自他山湊合者又次之總之要裹抱穴場勿使孤露受風爲美又須迴抱有情高低相稱切忌尖射破碎高壓低陷斜飛直長粗惡短縮強硬缺露凡此忌者雖有不吉還須看水從左來則虎山宜長水從右來則龍山宜長兼須下手兜住上手方　有力然而地亦有無龍虎而吉者亦有龍虎全而凶者只在龍眞穴的龍不眞穴不的龍虎雖美無用也

【羅城垣局】　相連於前朝後樂之砂謂之羅城垣局必要重疊高聳周圍盤繞障空補缺猶如城垣故以是名

【下手砂】　一名下臂又稱下關不分南北東西凡屬出水一邊者謂之下手凡下手有砂則有結作有關欄矣

【水口砂】　定向先看水口水口砂卽水流去處兩岸之山倘水口無砂則水勢直奔而出不獨爲陰宅之大破敗陽宅亦主流散財氣水口有山則周密交結矣或則高峯屹然特立或則異石挺拔中流其形如旗鼓如印笏不勝枚舉總之要形成貴器者爲上最美者簇集如衞士之護駕重疊如劍

戟之森立迂迴至數十里者方爲水口砂之最吉也

【華表捍門】華表山水口間卓立之峯巒也或則橫欄高鎮於水口間或則兩山對峙水中兩山中間流出俱要高聳天表故稱華表捍門山者水口間兩山對峙如門戶之捍衞者也捍門砂形成日月旗鼓獅象龜蛇者爲美捍門愈多愈妙九重十一重者必結禁穴一二重者亦主出王侯后妃捍門外更有羅星者尤爲可貴

【羅星北辰】羅星乃水口關欄中之墩山或石或土突起當立於門戶四面邊水石質爲上要居羅城外者爲貴不過有眞有僞眞羅星必有首尾首逆上流尾必拖水羅城外有合法眞羅星者其內必有大富貴地也北辰乃水口間之巉巖山石形狀怪異當於中流挺然朝入者是名曰尊星主發大貴不易見也

第六章　水法撮要

△水法總論

陰宅地理砂水並重故云水秀砂明即是地消砂納水法中尋可知水與穴向之關係不亞於砂也蓋水者龍之血脈穴之外氣來龍非水送無以明其迹結穴非水界無以明其止龍穴端賴水爲證應故廖氏云尋龍點穴須仔細先須觀水勢楊氏云未看山先看水有山無水休尋地古來堪輿家所以重視水者爲水之所應禍福較速於山也至於審辨水之吉凶其法甚夥凡水親朱雀纏元武繞青龍包白虎者爲養陰之水以到雲上堦拱背入懷彎抱囊聚爲吉山嫌粗惡水愛清澄遇龍入首結穴處見水三橫四直屈曲交流猶如織帛者此砂水交戀處也又必辨水神之出入向何方而朝會或出於江或出於湖辨明方位龍穴之美總自知凡大地必有逆龍之水好地必有逆砂之流水逆龍龍逆水是夫婦交感水若屈曲有情必合星卦爲吉九曲是秀水却爲外應而地結於內愈爲貴重三台是朝案却在當面而穴結於

前易近易發水之來勢當知兩水合流謂之交關攔緊密謂之鎖三元屈曲謂之織結水會聚謂之結流破龍處明堂者穿也截脚無龍虎者割也直去爲箭直冲爲射眞龍不配凶水吉水不向凶龍水纏過穴而反挑一文不値水若入懷而反抱一發便衰平田水平散悠緩不冲不射不割不帶凶煞凡穴得之最吉然亦須有情到堂爲佳地聚水有生成者亦儲財祿穴前得之最吉倘妄開池塘於穴前傷殘發洩龍氣立招凶禍又若坟宅之旁原有淸泉活水來去得宜作穴時可通舟楫作穴後爲好事者所惑擺作魚池或子孫貪小利塡塞以作田園災害立至

△水口看法

葬書云入山尋水口登穴看明堂凡水來處名曰天門若來不見源流謂之天門開水去處謂之地戶不見水去謂之地戶閉水本主財門開則財來戶閉則用不竭水深則財大水淺則財小水口猶如人家門戶凡水出處有兩山高聳卓拔者貴地也有低山關

抱者功名地也倘無下砂關攔下地也若有關攔三五重更大更悠久雖然下手有關收還須交鎖爲妙水口高卓而緊夾則知地力大水口低平而稍寬則知地力之輕微水口內又要四山融會四水環繞重向自一二里至六七十里而山和水有情朝拱在內必結大地若收五六里七八里者爲中地僅收一二里者不過一山一水之人財地耳

△論明堂水

穴前明堂之水要囤聚澄淸四季不竭堂局要圓淨平正不動爲佳倘返弓無情斜飛眞竄層層瀉出一溜便去水不歸聚無益也水若屈曲到明堂不見流去方主財祿兼聚結穴之水還須澄淸不流動始爲眞若是闊大爲散慢迢迢四水入四堂直冲直射不相宜惟有屈曲瀠洄轉貴上金堦粟滿倉

△問依水立

富貴貧賤在水神水是山家血脈精識得立向水來去吉凶禍福手中隨陰水來時立陰向陽水來時陽

向宜砂有吉凶全在坐度以消之水吉凶全在立向以收之地不絕人水絕人水不絕人向絕人因是消砂納水之功大有作用要知穴依龍以乘內氣向依水以乘外氣凡立外向總依水千萬不可貪峯尖庸師不識倉板水誤認朝貧變暮富殊不知是煞水混來例如一亥向面前戌乾壬子癸倉板水來名爲五鬼鬧判犯之者主全家誅戮可不愼乎又如一午向面前巽己丙丁未亦是倉板水來亦名五鬼鬧判其禍雖比亥向稍輕終主吐血瞎眼做賊囘祿之災又如黃泉水乙丙須防巽水先早已說明偏有庸師改爲救貧黃泉反云乙向巽流淸富貴來爲黃泉去殊不知水性來去均關禍福乙向屬陽巽水屬陰陰水破陽局犯祿存水去敗家滅門葬此向者難免家破人亡舉一反三其餘八局皆可知矣

△論諸凶水

【黃泉水】庚丁坤上是黃泉乙丙須防巽水先甲癸向中休見艮辛壬水路怕當乾此指向收水也

見坤水來不可立庚丁二向見庚丁二水來不可立坤向是爲黃泉乙水來、可立巽向巽水來不可立乙向此爲黃泉若丙水來立向巽巽水來立丙向此得巨門水也又稱六秀水主富艮水來不可立甲癸二向甲癸二水來不可立艮向亦是黃泉乾水來不可立辛向辛水來不可立乾向亦爲黃泉若壬水來立乾向乾水來立壬向不是黃泉乃武曲水也主發富貴總之向上收水最喜淨陰淨陽陽水立陽向陰水立陰向水之來去一樣方爲吉

【桃花煞】亥卯未鼠子當頭忌水生在亥敗在子故忌鼠巳酉丑曜馬南方走金生在巳敗在午故忌馬解曰、亥卯二向見子水來爲桃花若未向不見子水不忌巳酉二向見午水來爲桃花若丑向不見午水不忌

【羊刃水】祿前一位爲羊刃以其刼財又主男子好淫故名羊刃如甲向卯水來丙向午水來辛向

戌水來。癸向丑水來。此爲四羊刃。若有此水當面朝來。主刀藥亡身之禍。

【三刑水】　子向卯水來。卯向子水來。爲無禮之刑。寅向巳水來。巳向寅水來。爲無恩之刑。丑向辰水來。辰向丑水來。爲四庫相破。寅向亥水來。巳向申水來。爲四生相破。

【六害水】　寅向巳水來。巳向寅水來。申向亥水來。亥向申水來。辰向卯水來。卯向辰水來。戌向酉水來。酉向戌水來。

【四破水】　子破卯。卯破午。午破酉。酉破子。陰陽相對。

△水勢結論

水之吉凶。依向而定。故有干支卦位合局破局之分。要之合局者吉。破局者凶。凡葬乘生氣。無巒頭不靈。浮唇只用水法。識得淨陰淨陽之理。亦可救貧至於穴前之水。形態萬變。吉水必有朝懷聚面。（朝懷乃當面對朝。主富聚面乃諸水隔聚於穴前也）邊胸拱背。（邊胸刀水勢裹於穴前、邊左則長房富、邊右則幼房富。拱背者水纏穴後、又名水纏玄武。主發福悠久）九曲腰帶。（穴前水勢屈曲。主大富貴、穴前水抱如束帶者。名曰金地水。主貴）迴流暗拱倉板鳴珂等形。（註曰迴流者穴前水旋轉逆迴。主發福、暗拱者穴前不見水而在砂案外。或朝或抱。亦爲上格。倉板者是平舖穴前之田源水不冲不割。主發富、鳴珂者穴前水入田窟、或入石竅、滴瀝有聲。主吉）至於凶水則成瀑面衝心（急流直衝入穴心名曰水破天心、子息貧窮）射脇裏頭反身割脚（水到穴前反身流去謂之反身。主凶割脚主孤貧）漏腮淋頭。反跳分流、漏槽刑殺等形。（漏腮者穴前一邊有泉竅。主敗落、淋頭者水淋墓頭、主子息少。反跳與反身相似。穴前之水反向外流。極凶、分流者穴前水分八字向外流去。不吉。若得重重攔截無忌、漏槽者穴下深漏、直傾如槽、不論有水無水皆凶。刑殺者穴前無數亂水交流。主破財惡死）

第七章　向法撮要

△向法釋義

陰宅地理。雖然龍、穴、砂、水、向並稱。而向實爲陰宅之最要關鍵。所以陰宅書云。無絕地有絕水。無絕水有絕向。蓋龍本無生旺死絕。惟向能使之生旺死絕。穴本不分有氣無氣。惟向能使之有氣無氣。砂本不分得位不得位。惟向能使之得位不得位。水本不能殺人救貧。惟向能使之殺人救貧。龍穴砂水。初本無名無用。必經定向而後有用有名。葬經云千里江山一向間。已鄭重言之矣。而歷代堪輿家都因龍穴砂水有迹象可按。著論獨詳。惟論向簡略者祇云陰水立陰向。陽水立陽向。複雜者則取洛書、八卦、納甲、翻卦、（翻卦用掌訣、以貪、巨、祿、文、廉、武、破、輔、弼等九星。與乾離巽坤兌震坎艮之掌上卦位分吉凶、自左手食指下節起乾、上節爲離、中指上節爲巽、照上寫法、由上而下、挨至中指下節艮位爲止、翻卦位向上起輔、輔、武、破、廉、貪、巨、祿、文、依掌訣順挨、凡陰向輔武貪巨四吉星在艮巽震兌、破祿文廉四凶星左離乾坎坤、陽向則反易其位、）如此繁衍。幾令學者無從捉摸。要而言之。向須從羅經上考究而得。吉地不是遍地皆吉。惟立向得當。方可隨地變吉。

△羅經立向法

立向、全憑羅經第六層地盤正針。（圖及用法附後、）其法用紅黑正針。先看四維。八干十二支。以定陰陽。（四維、是乾坤艮巽、八干、是甲申丙壬乙辛丁癸屬陽、十二支、卽子丑到戌亥是也、四維八干居十二支之界縫、共成一圈、外則是養、生、休、冠、臨、旺、衰、病、死、墓、絕、胎、十二字成一圈）次看生旺。須避死絕以立向。還須干支相交。龍水配合。此爲簡易立向之要訣。立向要取正生、正旺、正養、正墓、自生、自旺者爲吉。均主發貴或發富。如取針指生字處定向。卽爲正生向。其餘照此類推。倘遇上列六字別有妨礙。不能立向。改用衰向、病向、胎向、及臨官、沐浴、冠帶等向。有主發福者。亦有不發者。要知向與水口。彷彿唇齒。關係最爲密切。若以五行龍水相配所成向局極夥。不勝枚舉也。

△附第六層地盤正針用法

地盤正針圖

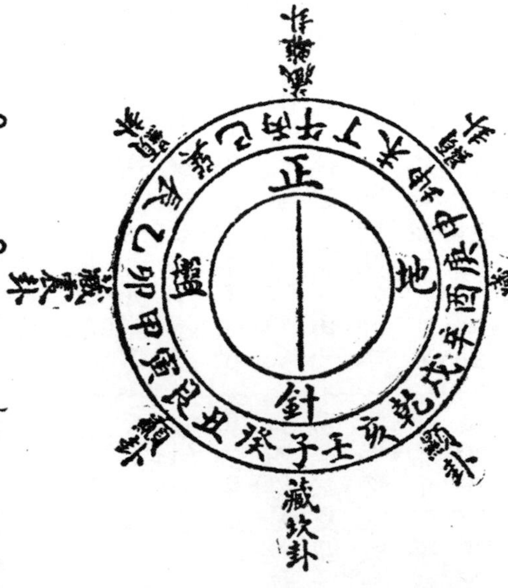

之地。辰戌丑未爲五氣歸元之所。故後天正針運用支支相頂地支屬陰靜而不動八干屬陽主動以居

此爲先天羅盤專供辨方定位立向之用。先天地支只載十二位一名十二雷門爲胎骨龍以正針論之子午卯酉爲天地四正之位寅申巳亥爲五行長生

正針紅針對地盤午中正南黑針對地盤子中正北以八干從其祿。

四維從其墓。

八卦統八宮一卦管三山。唯乾坤艮巽爲四柱卦。

十二支位之界縫後天正針之制。不外先天十二支。地盤爲縫針中針之根穿山透地之本五行生旺休

禽之異位陰陽順逆旋轉之殊例上參日纏舍過間下察九州分野諸妙俱備

△十二山向論

依水立向爲陰宅地理唯一要旨因是定向先要擺羅盤看水口水從何處來何方出審辨清楚然後定向定然發福所以有山向相同因水口各異立向隨之各別往往有一山而定十數向一一繪圖詳述之一則爲篇幅所限二則殊嫌煩瑣茲就十二山之吉向分論於後以資學習看地者之參考凡屬破敗凶殺之向概從缺論

△子山午向壬山丙向水口論（子山壬山之水口吉凶相同、故合併而論、以下皆同此例）

壬山丙向子山午向水從左來到右出辛戌兩字間者（用羅盤測看）名爲正旺向必發大貴若水從左來到右水口在丁未兩字間者謂之自旺向主財丁兩旺兼發貴若然水出乾亥方者謂之過宮水主早貧晚貴多壽

△丑山未向癸山丁向水口論

丑山未向癸山丁向右水到左水從巽巳方出者爲正養向主富貴兩全多男多壽此爲向法上第一最佳之好向也若左水到右水出坤右爲木局要向主富貴雙全旺丁多壽

△寅山申向艮山坤向水口論

寅山申向艮山坤向右水到左出乙辰兩字間爲正生向名曰三合吊照主五福臨門妻賢子孝若右水到左出丁未方爲借庫消水自生向不作冲破養位論主富貴多壽多子孫若然左水到右出庚酉方合文庫清水亦主富貴壽多惟少差卽絕宜審愼用之

△卯山酉向甲山庚向水口論

卯山酉向甲山庚向左水到右出癸丑方爲正旺向主大富貴旺人丁發福悠久若左水到右出辛戌方爲自旺向主富貴雙全

△辰山戌向乙山辛向水口論

辰山戌向。乙山辛向。右水到左出坤申方。爲正養向。名貴人祿馬上御街。主富貴雙全。人丁興旺。若左水到右出乾亥方。謂之火局星向。亦主富貴旺人丁。

△己山亥向巽山乾向水口論

己山亥向。巽山乾向。右水到左出丁未方。名三方十照正生向。與寅山申向相同。亦主富貴雙全。妻賢子孝。若右水到左出辛戌方。爲借庫消水自生向。亦與寅山申向相同。主富貴多壽。人丁大旺。若左水到右出壬子方。合文庫消水。名祿存流盡佩金魚。主功名顯達。丁財兩旺。

△午山子向丙山壬向水口論

午山子向。丙山壬向。左水到右出乙辰方。爲正旺方。名謂三合聯珠。貴無價。主大富大貴。若左水到右出癸丑方。爲自旺向。主發富發貴。多壽多男。

△未山丑向丁山癸向水口論

未山丑向。丁山癸向。右水到左出乾亥方。爲正養向。與辰山戌向一例看。亦主富貴多男。若左水到右出艮寅方。爲金局墓向。主富貴多男。

△申山寅向坤山艮向水口論

申山寅向。坤山艮向。右水到左出辛戌方。爲正生向。合旺去迎生。主富貴雙全。妻賢子孝。若右水到左出癸丑方。爲借庫消水自生向。不作冲破論。主富貴多壽。

△酉山卯向庚山甲向水口論

酉山卯向。庚山甲向。左水到右出丁未方。爲正旺向。主大富貴多壽。若左水到右出乙辰方。爲自旺向。主富貴旺丁多壽。

△戌山辰向辛山乙向水口論

戌山辰向。辛山乙向。右水到左出艮寅方。爲正養向。主貴顯旺丁財。若左水到右出巽巳方。爲火局墓向。主富貴。

△亥山巳向乾山巽向水口論

亥山己向。乾山巽向。右水到左出癸丑方。爲正生向。主五福滿堂。門門皆發。若右水到左出乙辰方爲借庫消水自生向主富貴旺丁多壽。向法雖不盡至此。然能參透雙山十二向十二水口之吉凶。其餘皆可類推而知。

△立向舉例

旺去迎生正生向圖

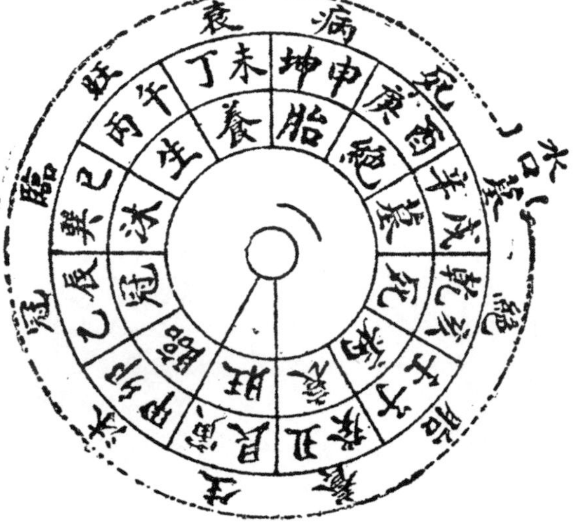

生來會旺正旺向圖

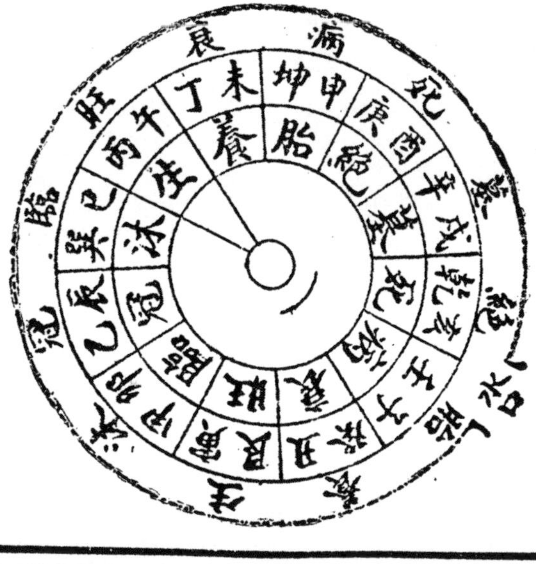

丙水夾出正墓向圖

外圈丙火生於寅順行論水之長生。

內圈乙木生於午逆行論龍之長生。

三圖乃立向之舉例。餘如正養向自生向自旺向皆看外圈養生沐冠臨旺衰病死墓絕胎十二字而定向惟遇衰病胎冠沐臨等字俱不發故有例不立向於此可知立向宜於養生旺墓四字間求之合之借庫消水之自生自旺正生正旺正墓正養等向共有六種區別。

第八章　陽宅撮要

△陽宅總論

陽宅即人之住宅有某地屋宇之別。看某地也分高山平洋也要看卦位水口屋宇以七政九曜（游星名）五行生剋定吉凶何謂七政九曜即貪巨祿文廉武破為七政又加左輔右弼為九曜七政又有生天延絕五禍六伏之名看法諸家各異茲舉其簡要易明者分論於後看法亦用羅盤與陰宅一例也。

△七政九曜

生氣即貪狼星屬木在震巽坎離宮為得地主富貴雙全生五六子天乙即巨門星屬土在坤艮乾兌為得地主福祿富貴生四子。延年即武曲星屬金在乾坤艮兌為得地主風憲兵權生三子絕命即破軍屬金門灶切忌之主短壽絕嗣惡疾五鬼即廉貞屬火主邪祟火燭官非生一子禍害即祿存屬土主壅滯產亡淫亂六煞即文曲屬水主好淫游蕩疾病傷伏位即輔弼主富貴多壽遇貪巨武三吉之方宜開門立灶擇房安床大門尤重蓋三吉方門路能催產運而厚其福其餘皆屬凶星絕命最凶五鬼次之禍與人又次之謂之四凶避之為宜

△宮星生剋

宮者大門宅房也星者即天生延二吉與絕五禍六四凶也星飛至此而與宮相生或相比（解曰門宅房適臨七政星位而相生相比也）則吉星愈吉凶星亦不甚凶若宮星相剋則吉者不吉凶者愈凶於其星剋宮不若宮剋星（星與宮之五行相剋也）蓋宮為主星為用主可勝客客不可欺主也

△陽宅納氣

陽宅最重納氣、不專納地氣。兼收門氣。門地兩氣俱旺者。必然發福。以言納氣。須憑九宮八卦。五行生剋論斷。凡氣從剋方來。不獨陽宅受剋。宅中人亦受剋而多凶不發。氣從生方來。則陽宅受生。宅中人亦沾吉氣而生發。是故看陽宅。門地之外。兼須注意門外道路。凡道路當面直朝者作來氣論。道路橫截者作止氣論。朝路比之來脈。橫路比之界水。須按九宮八卦法測吉凶。凡從坐旺方來者吉。從關煞方來者凶。尚遇關煞有來氣直朝。門前宜築照牆以當之。可以逢凶化吉。同一陽宅。初時與旺。後來衰敗。其故何耶。蓋因地脈與天運同一氣化。以三元之衰旺而爲興敗者也。陽宅亦有山地平地之分。山地觀脈。凡脈大勢大氣大者千年之祥。平地觀水。得一砂一水而氣小者。一絕之福。中國陽宅得風水之眞者只有二所。一爲山東孔林。乃午支得水得砂之貴格。林當泰山之下。有洙泗二水交流。故子孫發福綿長。千萬年不絕。一爲江西龍虎山張宅。入首列撐天高嶂。宅後樂托諸山。得龍昂虎踞之勢。爲山地藏風之吉宅。今歲衰落。此由於三元天運使然。而自張道陵煉丹龍虎崖。白日飛昇。其子孫關地建屋居之。至今已五十餘代。發福亦不爲不久矣。陽宅氣色。亦關禍福。凡遇屋宇雖舊。氣色鮮朋。入其正廳而有鬧烘氣象者。其家必然發旺。又如屋宇雖新。而氣色暗淡不明。登其堂而覺陰森逼人者。其家必漸敗絕。

△陽宅相形

宅形萬殊。相宅祇憑五行生剋分吉凶。茲舉楊氏陽宅相形歌以證明之。屋造金字平。富貴人丁興。宅造四字象。發秀食天祿。屋作土星方。富貴姓名揚。五貴兩重屋。富貴多福祿。屋合太陽星。官職滿朝廷。屋作斗斛星。橫財旺人丁。下臂有橫屋。多子旺六畜。下壁接小屋。買田積陳穀。屋內一般平。富貴有聲名。堂前出階簷。世代產英賢。正堂內深奧。光亮無虛耗。堂作九間住。三井方發富。後地闊過頭。藏祿藏金錢。（以上爲吉形、）屋造八字形。孤貧多疾病。屋造火字形。

痰火必閉經。人字主單傳。黃瘦手拘攣。屋作木星長。
剋妻主少亡。屋造金星塌。孤寡眼邋遢。水星屋不齊。
忤逆無立錐。火星三角形。口舌眼生疔。屋成扇面形。
痰癆必伶仃。屋大樑柱小。體弱不經老。屋小樑柱大。
臃腫難長壽。梁小柱粗大。奴欺主母敗。梁大柱細小。
常被人壓倒。屋大不藏風。財散人丁空。遠屋見有坑。
孤寡少人丁。前高後屋低。損子並剋妻。後高前屋低。
老少多昏迷。中高前後低。夫妻眉不齊。前房後獻廳。
財耗如浮萍。棟折斜樹撐。吵鬧業家傾。櫓頭水射房。
歲到主刑傷。宇內小木橋。難產命難逃。壁脚多崩破。
財散受災磨。望摘不相接。疾病別妻妾。三廳兩間堂。
男女一齊亡。三廳四間堂。哽病主懸樑。一廳兩間堂。
少子缺衣粮。四廳三間堂。三年宅主亡。四廳四間堂。
孤疾捐妻房。若住寒肩屋。貧窮災禍速。造作標櫓屋。
凶敗傷骨肉。搭人棟造屋。三年有一哭。棍槽倒射堂。
僕謀主人亡。此歌雖不雅。句句驗如神。

△羅經略說

羅盤、何以名之曰羅經。蓋羅者包羅萬象。經者、經緯天地也。羅經共分三十六層、而妙用只在中心之金針與天池。（金針即指南針、天地即羅盤中心之空穴）倘使羅經無金針天池。子午無定。陰陽不分。八卦九宮何由而別。五行迭運無自而明。龍向氣脈無由而稽。故曰衆位雖分三十六層。而其神化妙用只在金針與天地。按羅盤有內外之分。金針有正縫之別。以針所指當子午之正。故曰正針。又稱內盤。以針所指當壬子丙午縫兩之間。故名縫針。又稱外盤。然而針盤雖有區別。用法則一也。要知羅經三十六層之用法。可購羅經透解一書。悉心研究。則各層之妙用。自能一目了然矣。本書爲篇幅所限。祇可略述大概。不追詳論也。